컴·퓨·터·적·사·고·력 을 길러주는

아주 쉬운 코딩 놀이수학 ②

청송문화사

아주 쉬운 코딩 놀이수학 ①

1. 이진법 알기

2. 이진법 비밀 카드

3. 숫자로 그림 그리기

4. 짝수의 비밀

5. 정렬 네트워크

6. 학교 가기

컴·퓨·터·적·사·고·력 을 길러주는

아주 쉬운
코딩 놀이수학 ❷

차례

1. 바둑돌 놓기

2. 무늬 블록 돌리기

3. 암호문 풀기

4. 코딩 모양 타일

5. 순서도

6. 비행기 놀이

아주 쉬운 코딩 놀이는 23가지 언플러그드 활동 중심 코딩 보드 게임 교사용 안내서입니다.

아주 쉬운 코딩 놀이

1. 카드 놀이
이진법 카드 놀이 ········· 12
이진법 비밀 카드 ········· 17
숫자 가리기 놀이 ········· 20
숫자 퍼즐 놀이 ·········· 31

2. 숫자 놀이
숫자로 그림 그리기 ······· 36
짝수의 비밀 ············ 43
리버시 게임 ············ 48
마음속의 숫자 ·········· 51

3. 네크워크 놀이
정렬 네크워크 ·········· 54
학교 가기 ············· 61
강 건너기 ············· 72

4. 전략 놀이
바둑돌 놓기 ············ 82
바둑돌 자리 바꾸기 ······· 87
님게임 ··············· 94

5. 퍼즐 놀이
무늬 블록 돌리기 ········· 98
9조각 퍼즐 ············ 100
3D 입체 영상 ·········· 104

6. 암호 놀이
암호문 만들 ············ 108
코딩 모양 타일 ·········· 118

7. 순서도 놀이
순서도 놀이 ············ 130

8. 명령어 놀이
비행기 놀이 ············ 140
공놀이 ··············· 144
개미 놀이 ············· 148

처음 시작하는 언플러그드 코딩놀이

아주 쉬운 코딩 놀이수학

바둑돌 놓기

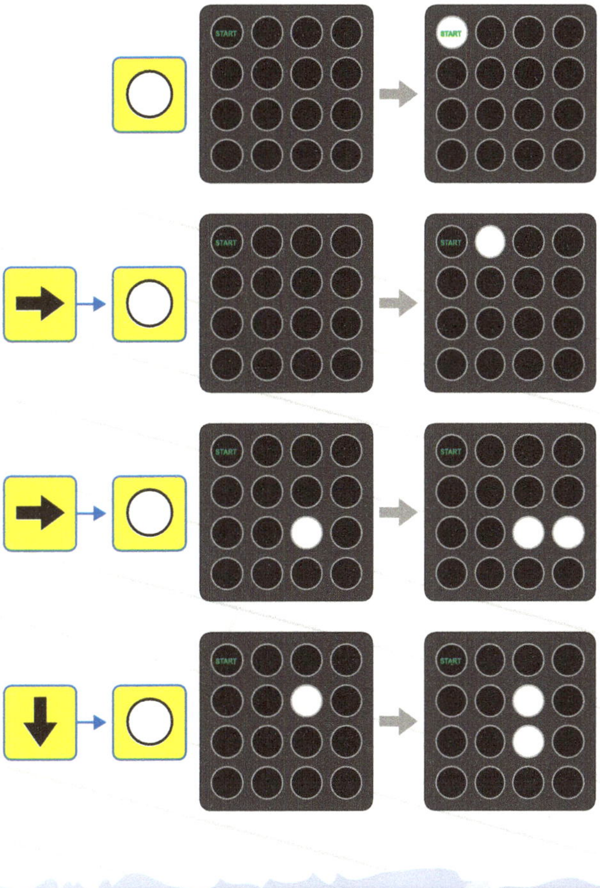

- 바둑돌 놓기의 명령어를 알아보시오.

   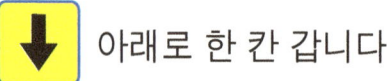

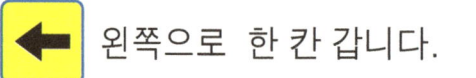   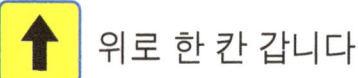

- 명령어에 따라 바둑돌이 놓인 모양을 알아보시오.

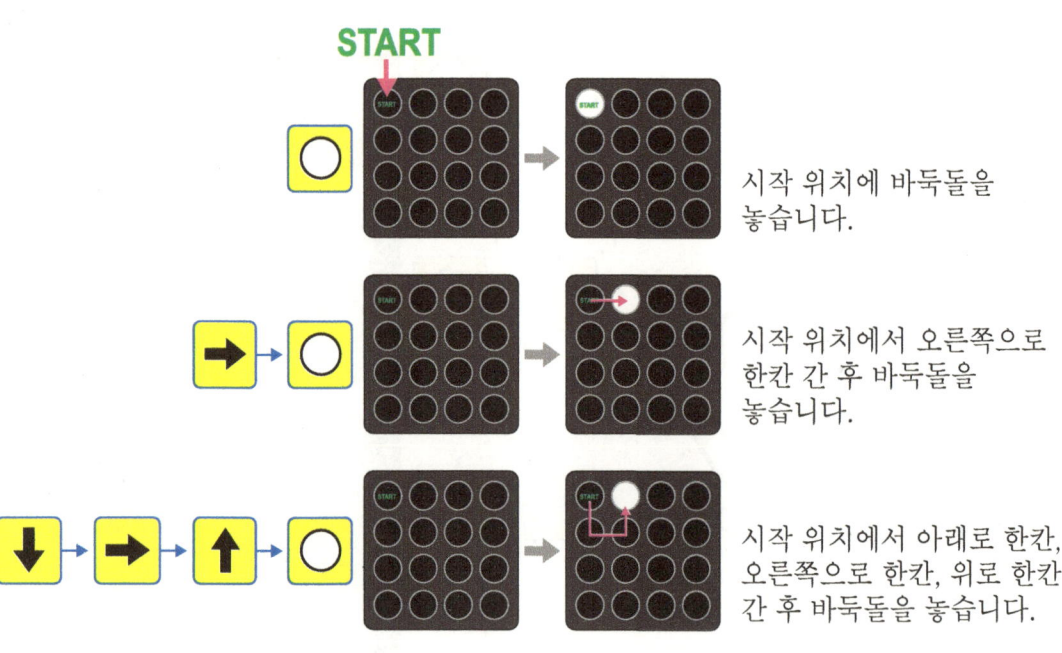

● 명령어에 따라 아래 놀이판에 바둑돌을 놓은 것이 맞는 것에 ○표 하시오.

(1)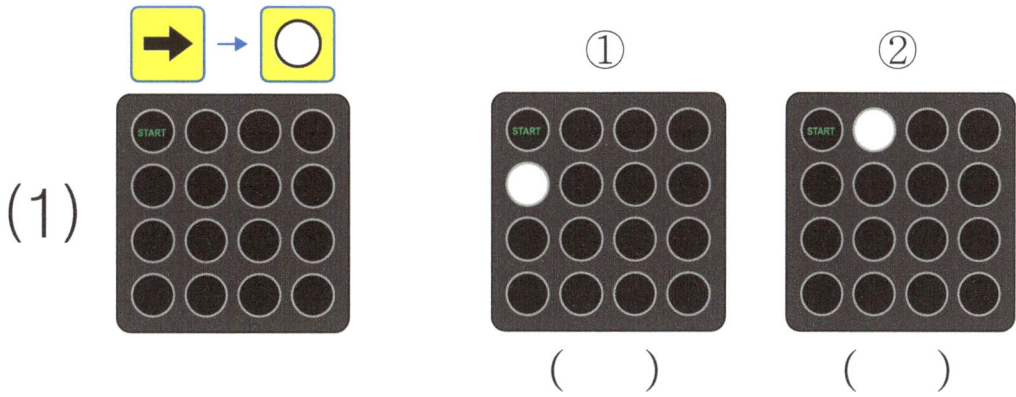

(2)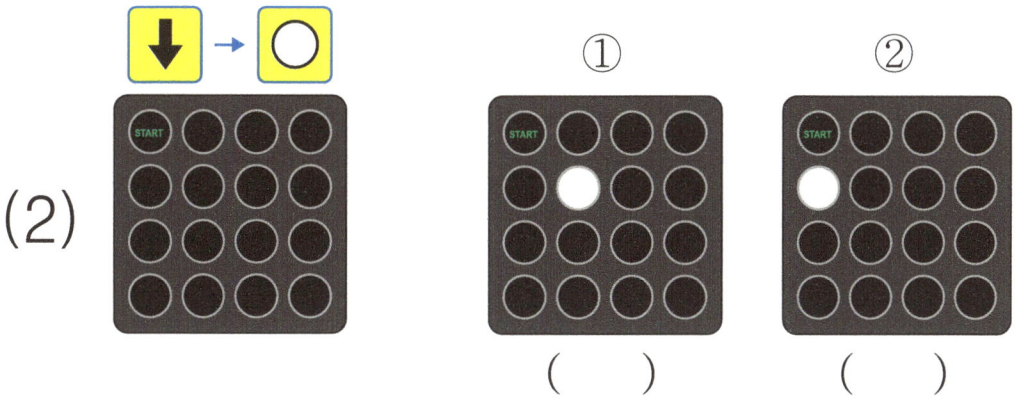

● 명령어에 따라 아래 놀이판에 바둑돌을 놓은 것이 맞는 것에 ○표 하시오.

(1)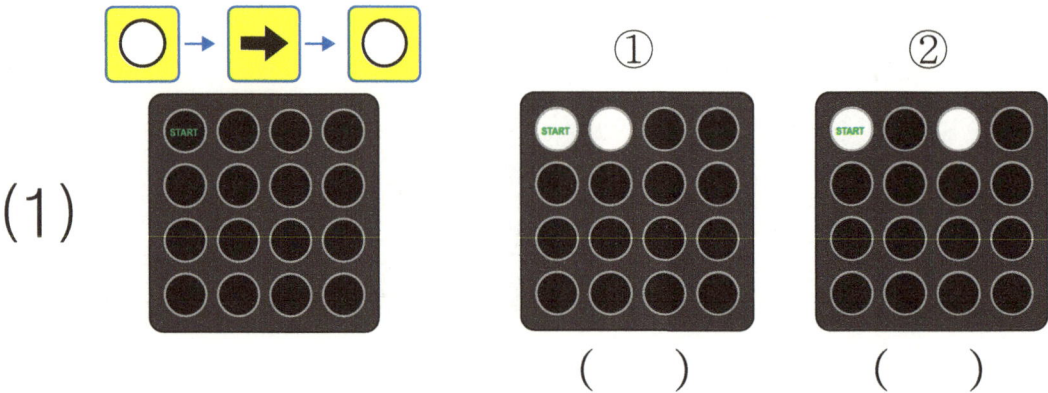

(2)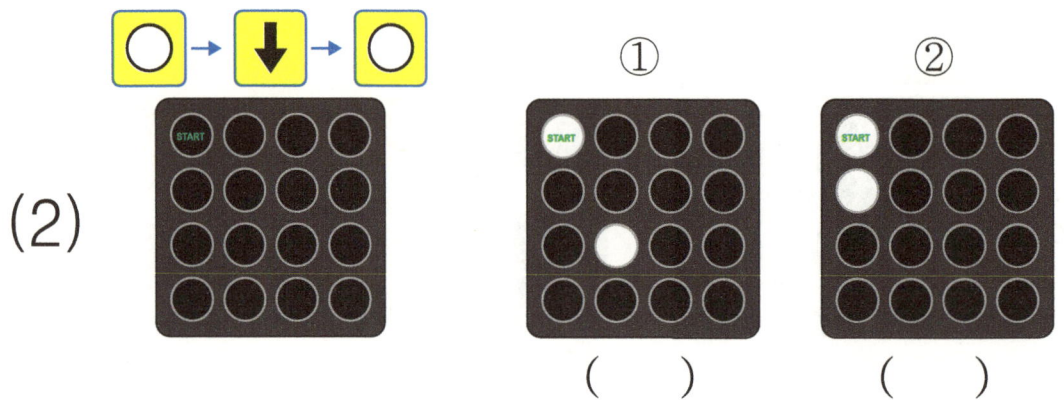

● 명령어에 따라 아래 놀이판에 바둑돌을 놓은 것이 맞는 것에 ○표 하시오.

(1)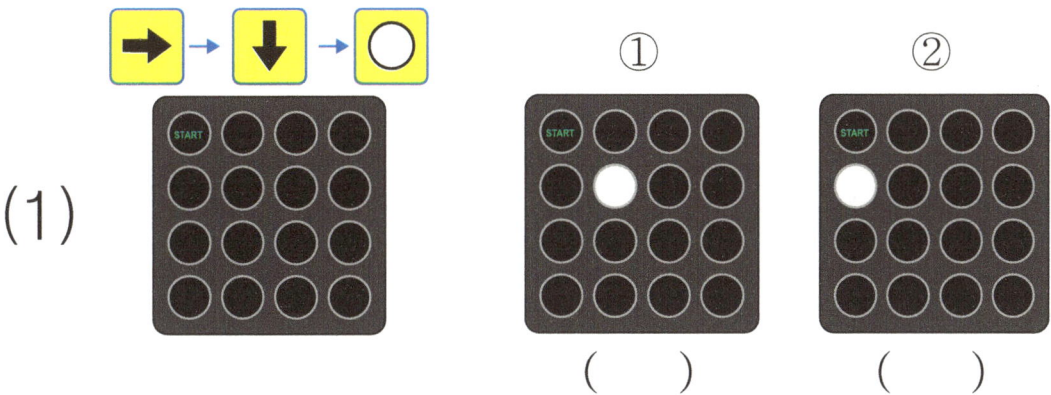

(2)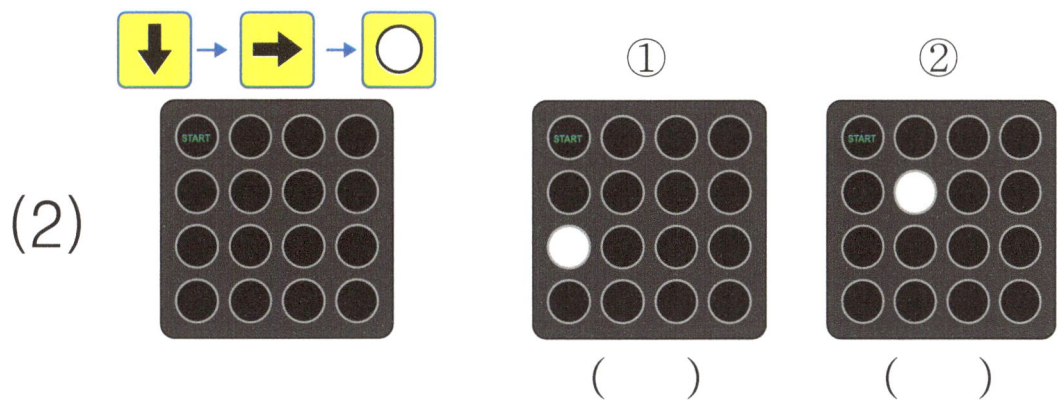

● 명령어에 따라 아래 놀이판에 바둑돌을 놓은 것이 맞는 것에 ○표 하시오.

(1)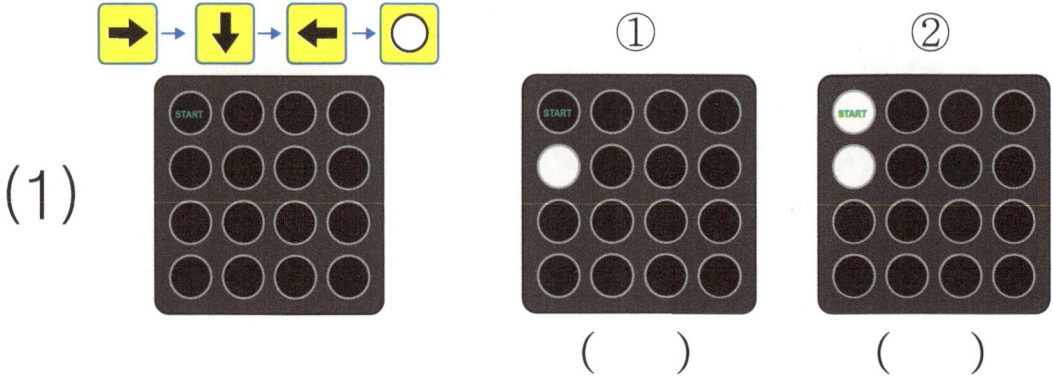

(2)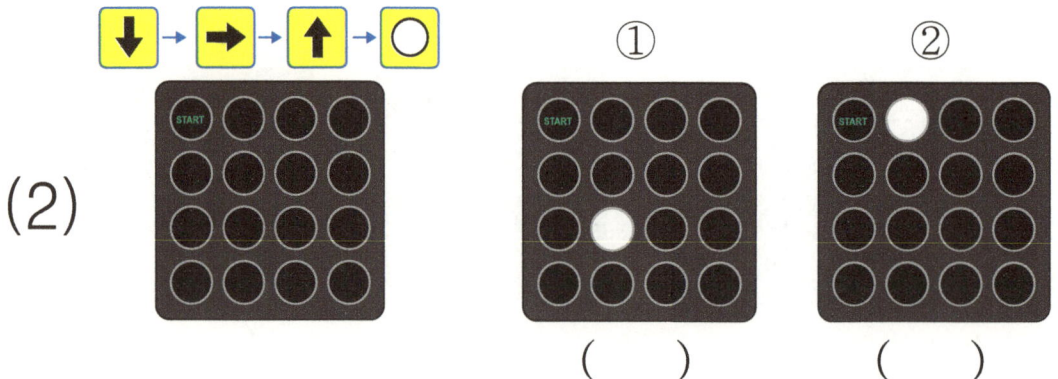

● 명령어에 따라 아래 놀이판에 바둑돌을 놓은 것이 맞는 것에 ○표 하시오.

(1)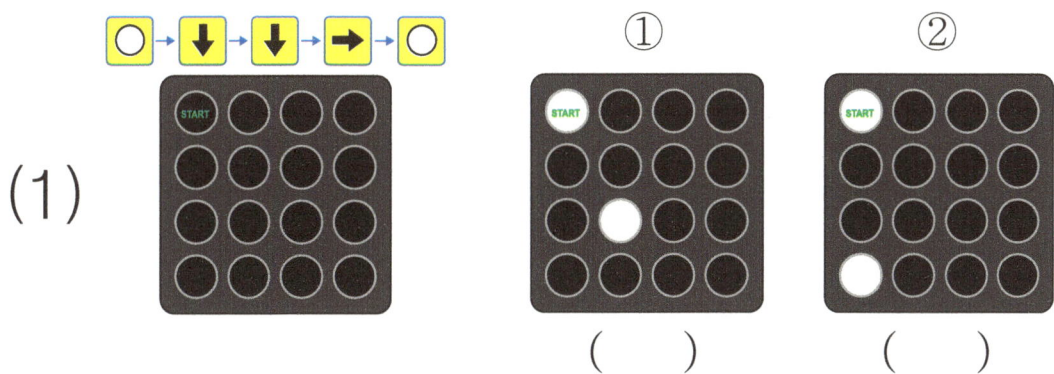

(2)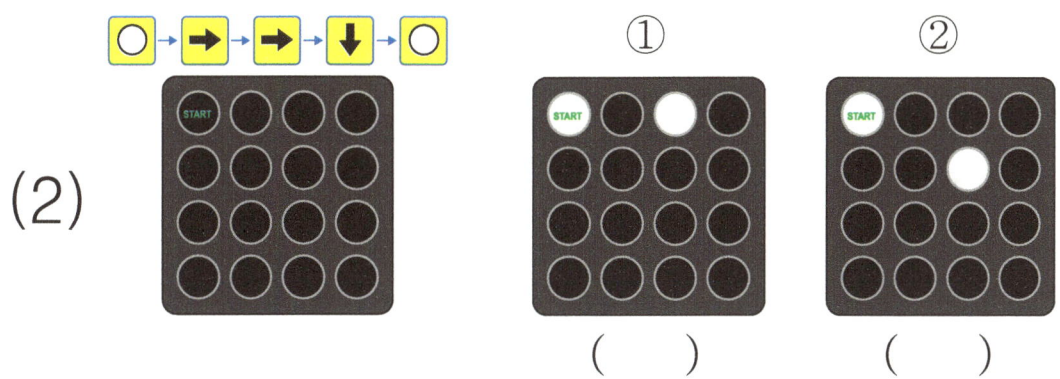

● 명령어에 따라 아래 놀이판에 바둑돌을 놓은 것이 맞는 것에 ○표 하시오.

(1)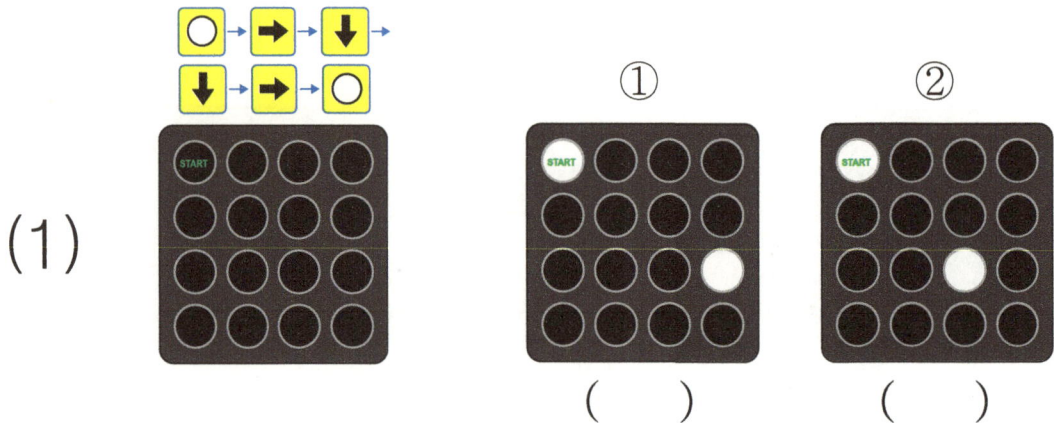

(2)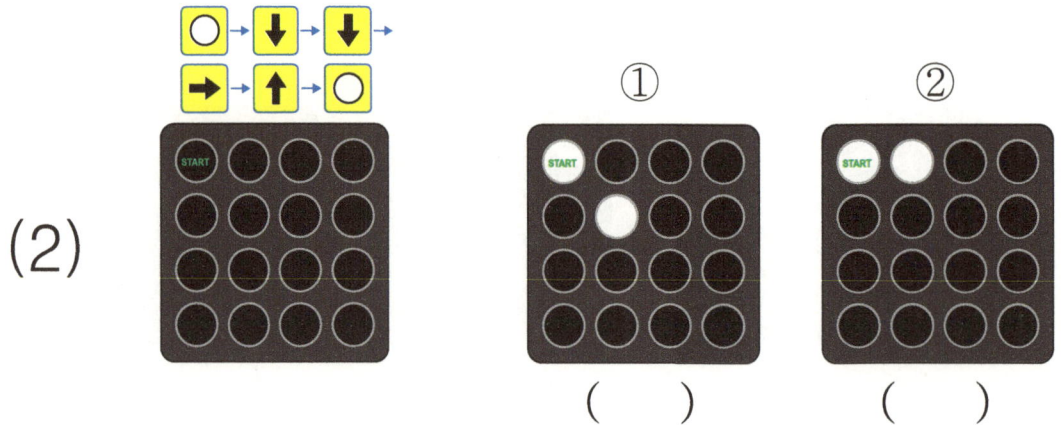

● 명령어에 따라 아래 놀이판에 바둑돌을 놓은 것이 맞는 것에 ○표 하시오.

(1)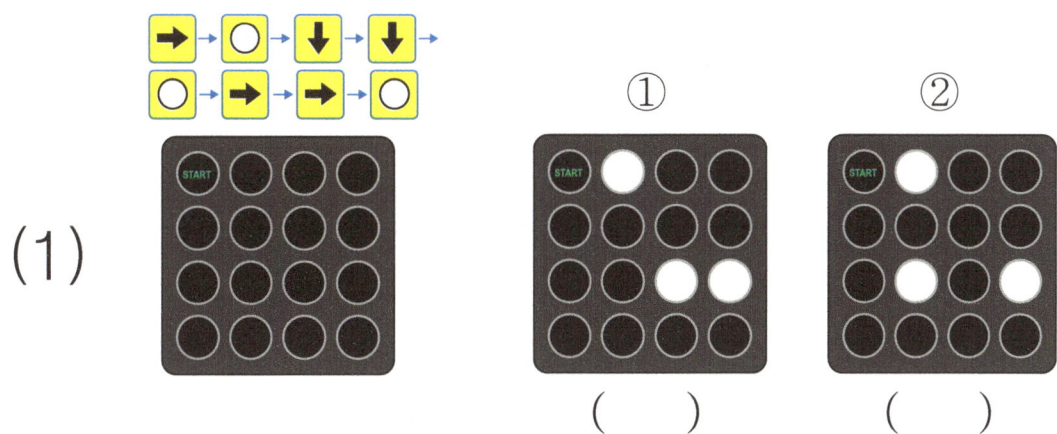

(2)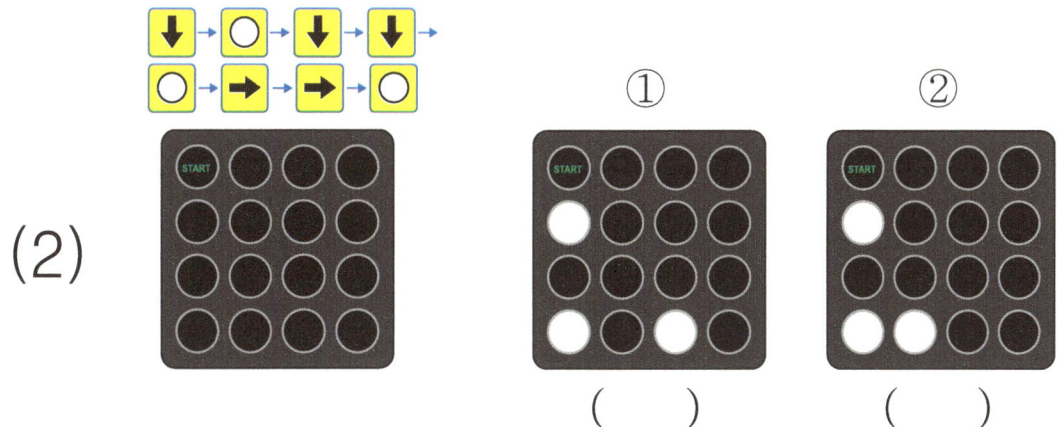

● 명령어에 따라 아래 놀이판에 바둑돌을 놓은 것이 맞는 것에 ○표 하시오.

(1)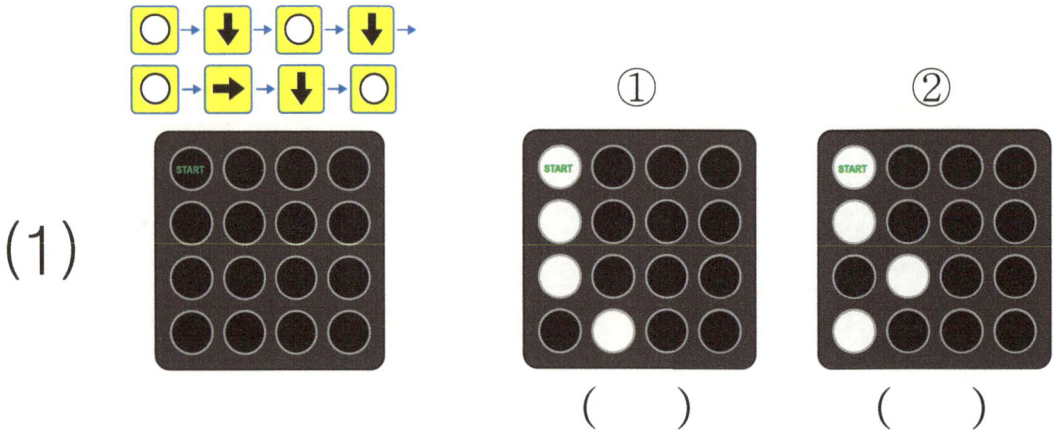

(2)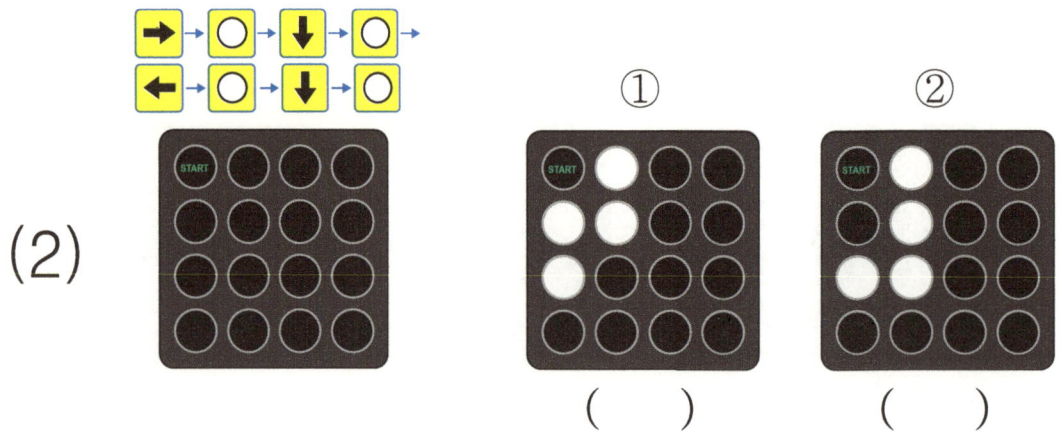

● 명령어에 따라 아래 놀이판에 바둑돌을 놓은 것이 맞는 것에 ○표 하시오.

(1)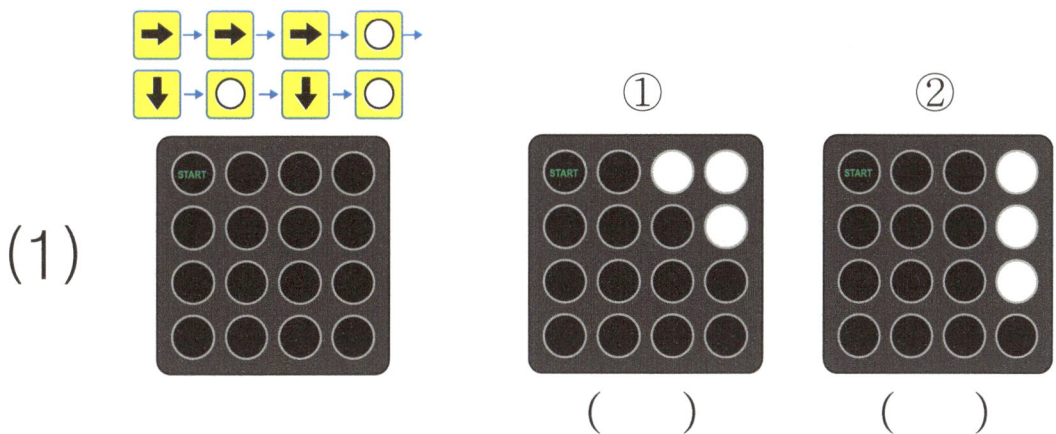

(2)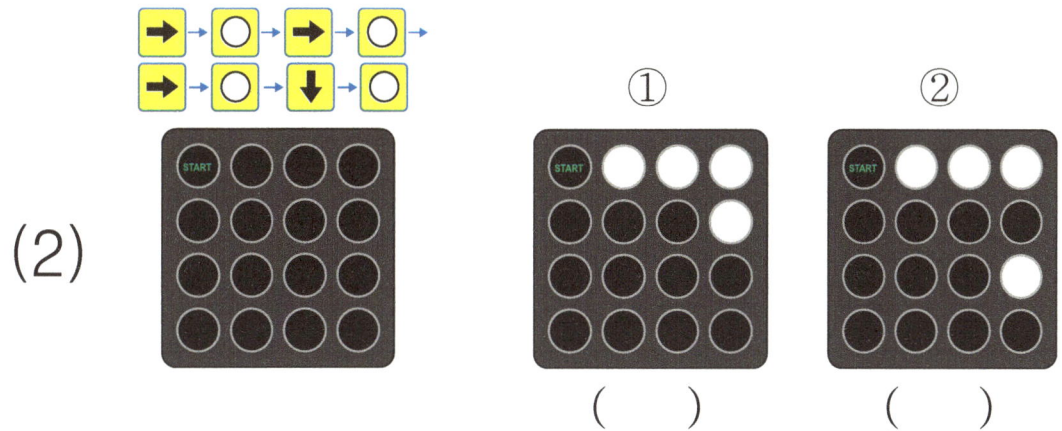

● 바둑돌이 놓인 모양에 맞게 명령어의 순서가 맞는 것에 ○표 하시오.

(1)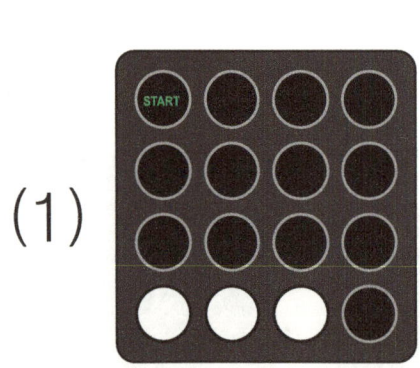

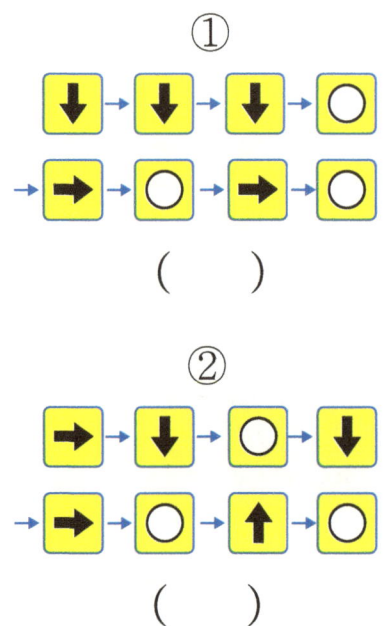

(2)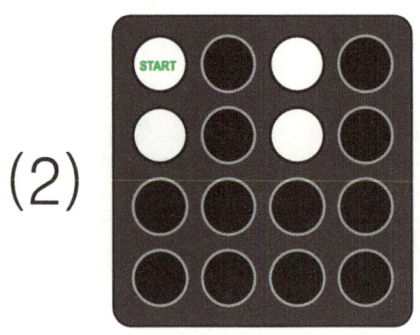

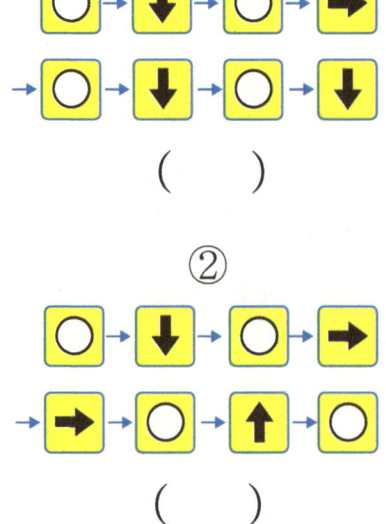

● 바둑돌이 놓인 모양에 맞게 명령어의 순서가 맞는 것에 ○표 하시오.

(1)

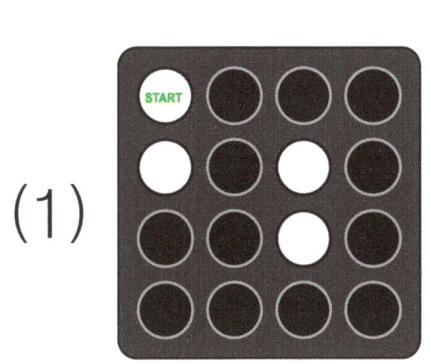
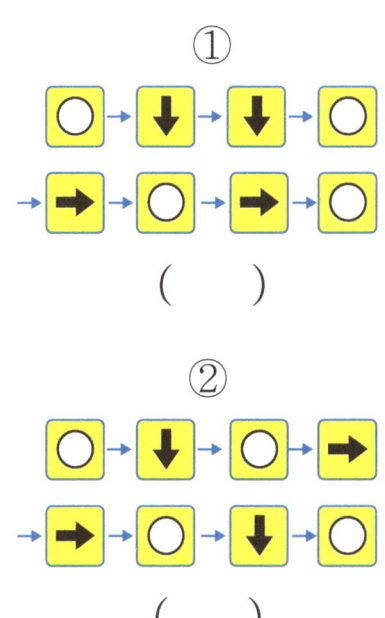

( )

( )

(2)

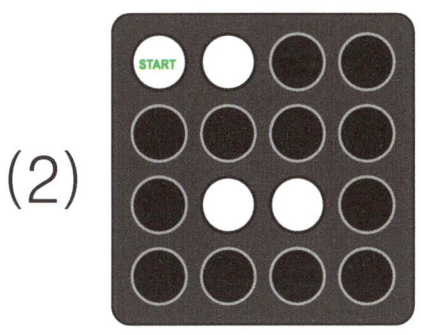
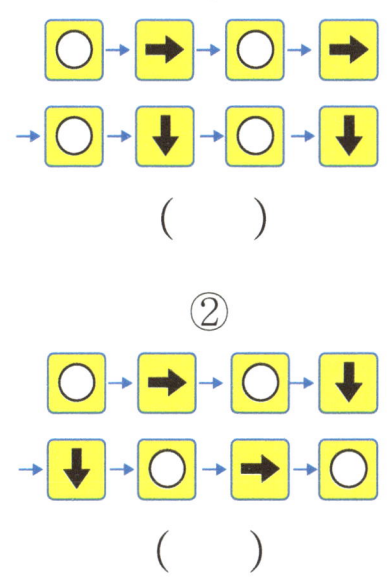

( )

( )

● 바둑돌이 놓인 모양에 맞게 명령어의 순서가 맞는 것에 ○표 하시오.

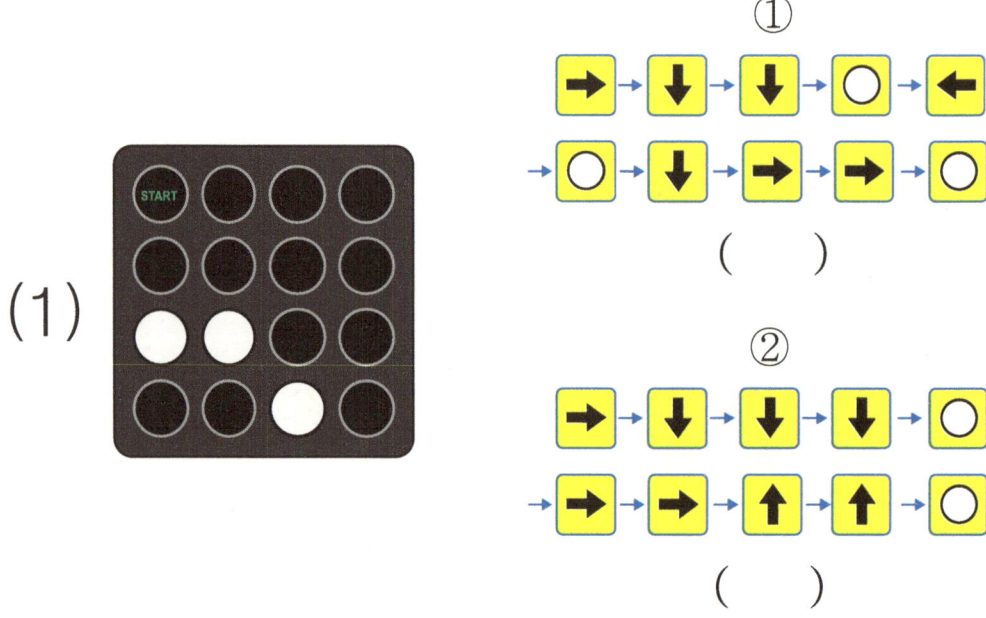

● 바둑돌이 놓인 모양에 맞게 명령어의 순서가 맞는 것에 ○표 하시오.

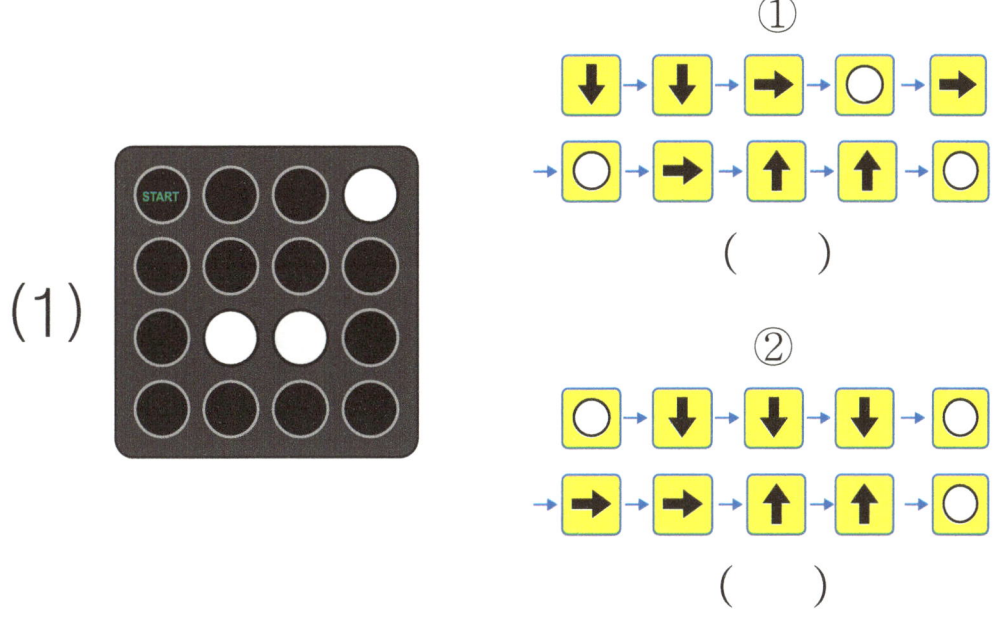

해답

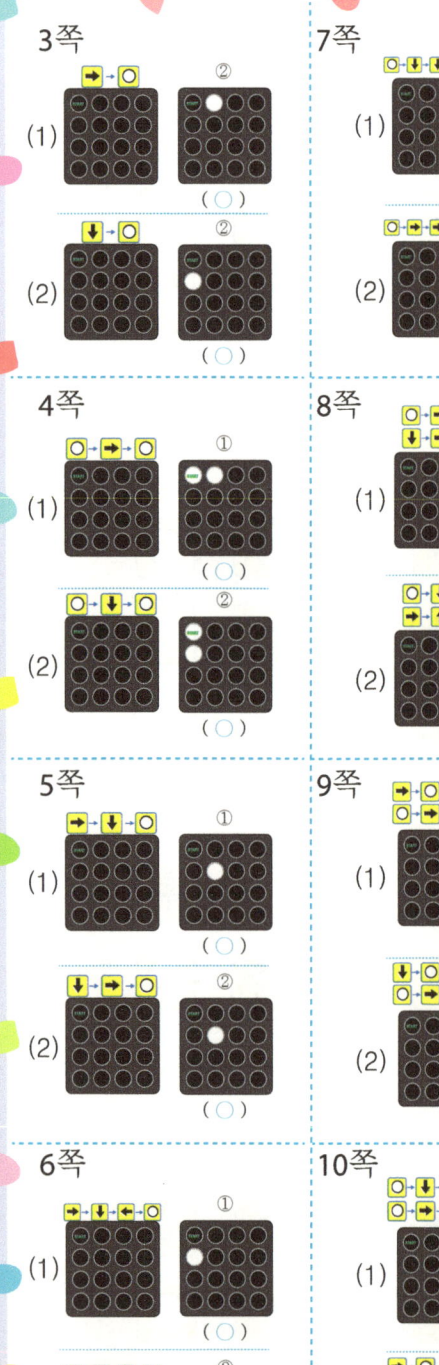
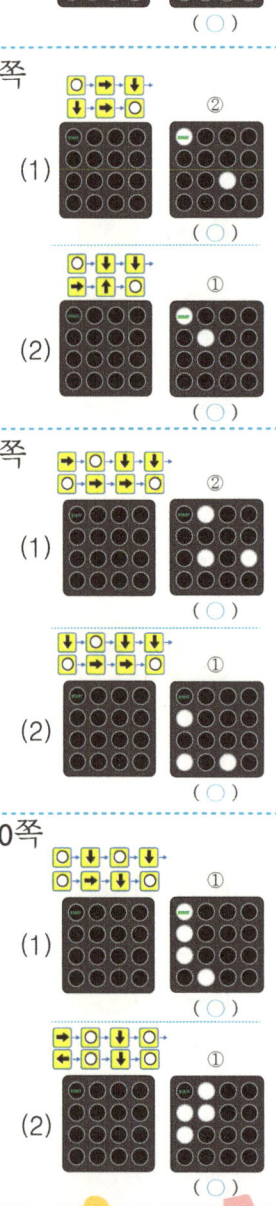
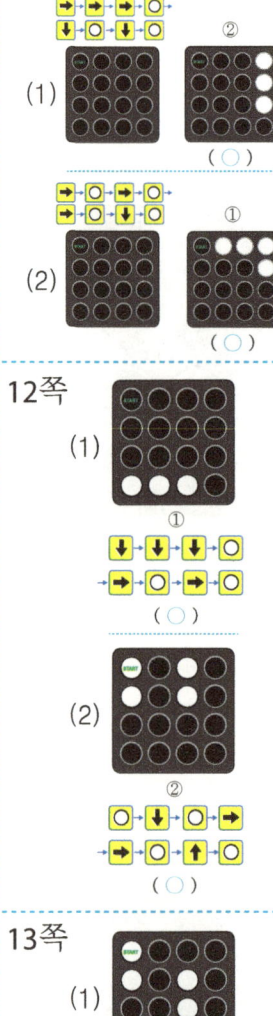
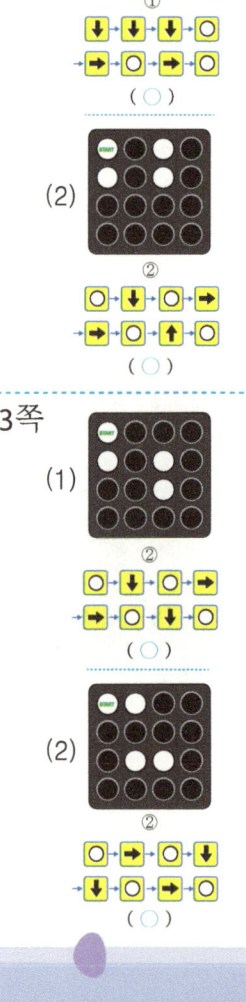
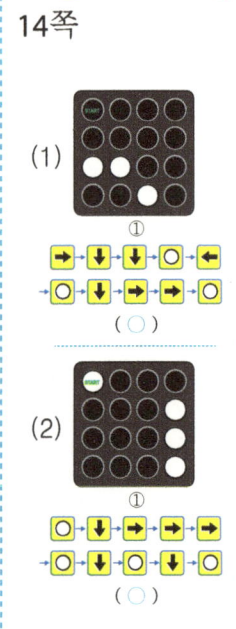
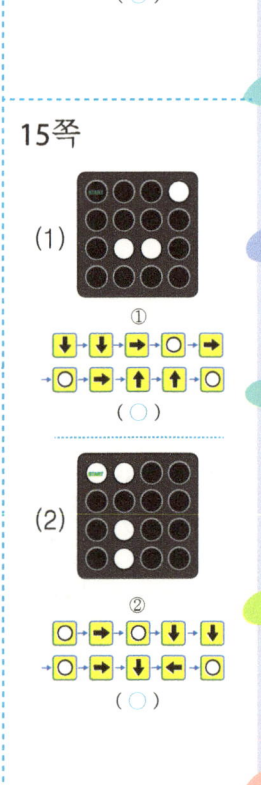

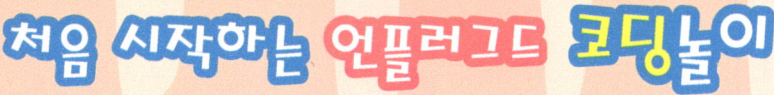

아주 쉬운
코딩 놀이수학

무늬블록 돌리기

● 명령어에 따라 무늬블록을 돌린 모양을 알아보시오.

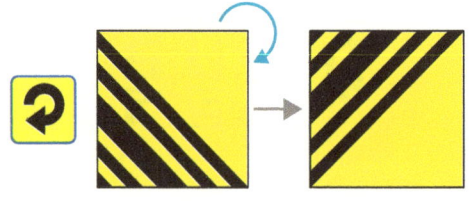

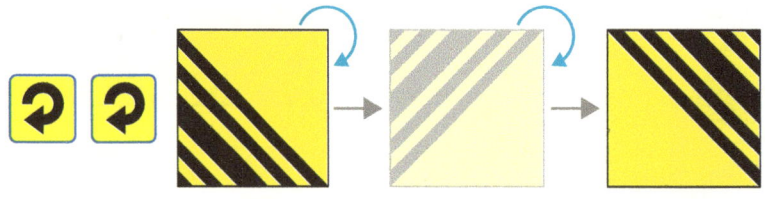

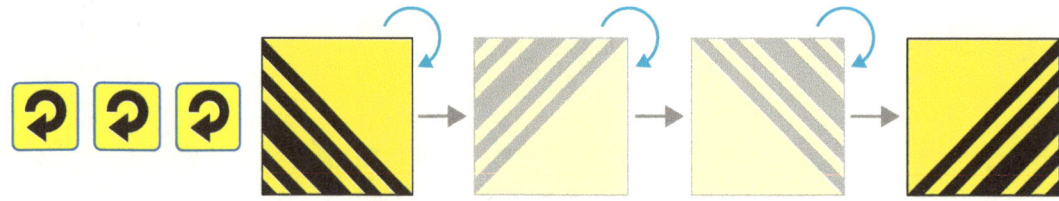

● 명령어에 따라 왼쪽 무늬블록을 돌린 모양을 찾아 연결하시오.

명령어

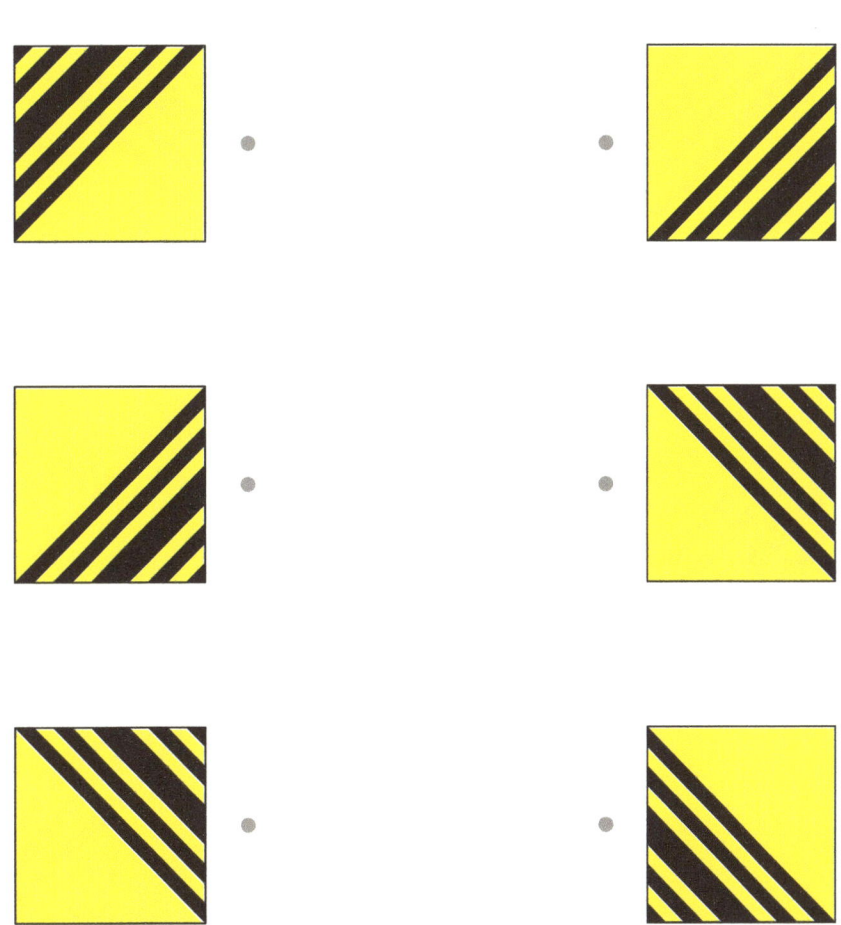

● 명령어에 따라 왼쪽 무늬블록을 돌린 모양을 찾아 연결하시오.

명령어

● 명령어에 따라 왼쪽 무늬블록을 돌린 모양을 찾아 연결하시오.

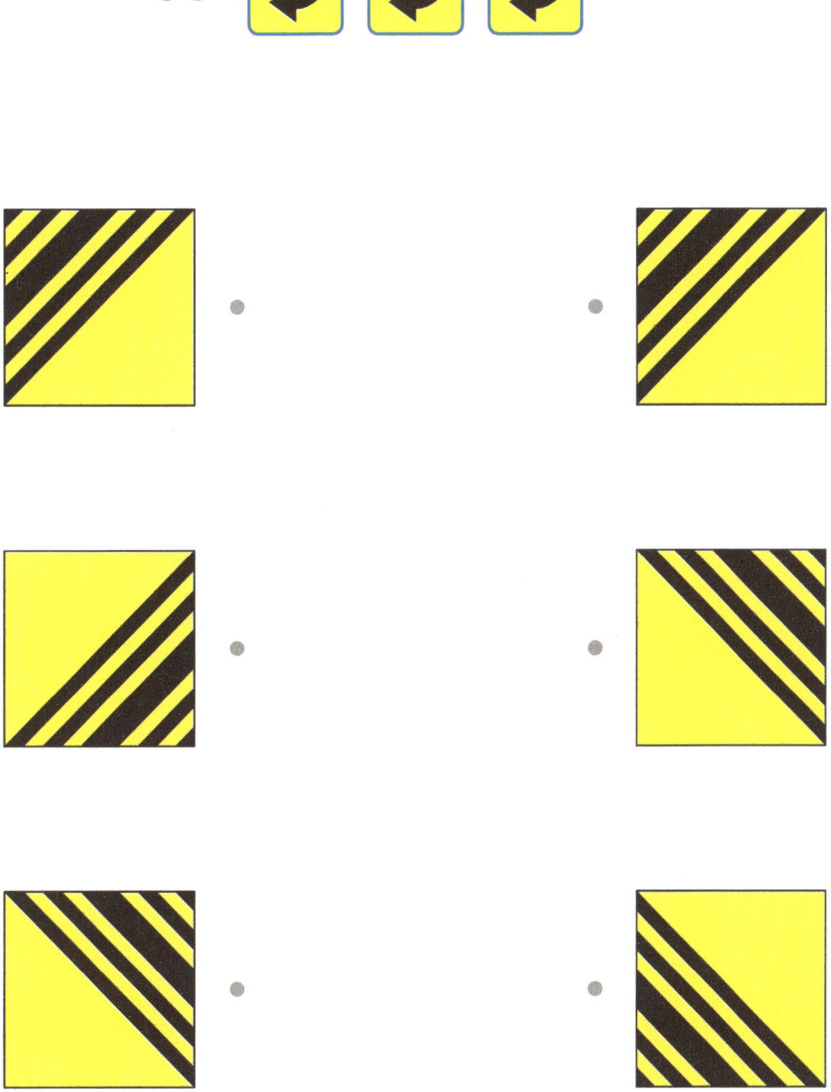

● 명령어에 따라 무늬블록을 돌린 모양이 맞는 것에 ○표 하시오.

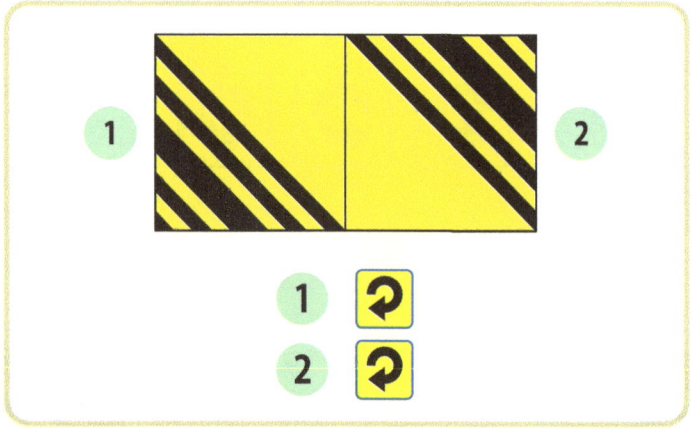

①

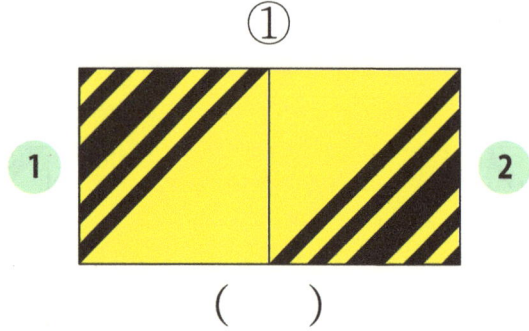

( )

②

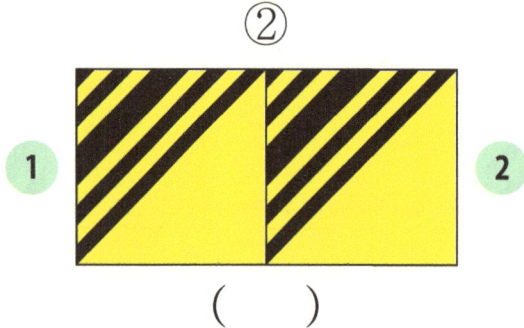

( )

● 명령어에 따라 무늬블록을 돌린 모양이 맞는 것에 ○표 하시오.

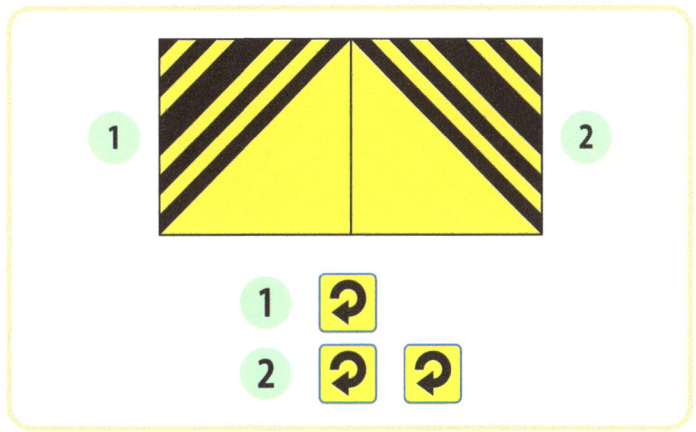

①

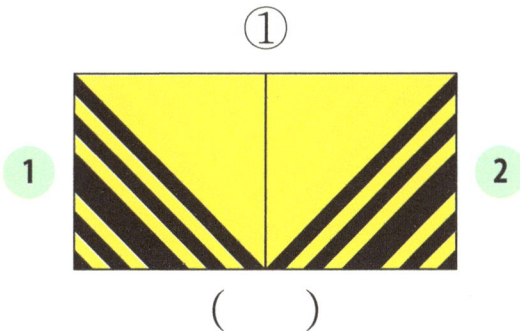

( )

②

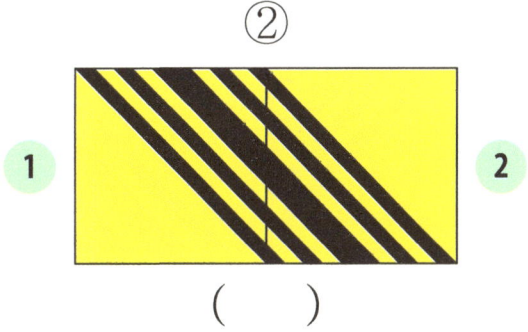

( )

● 명령어에 따라 무늬블록을 돌린 모양이 맞는 것에 ○표 하시오.

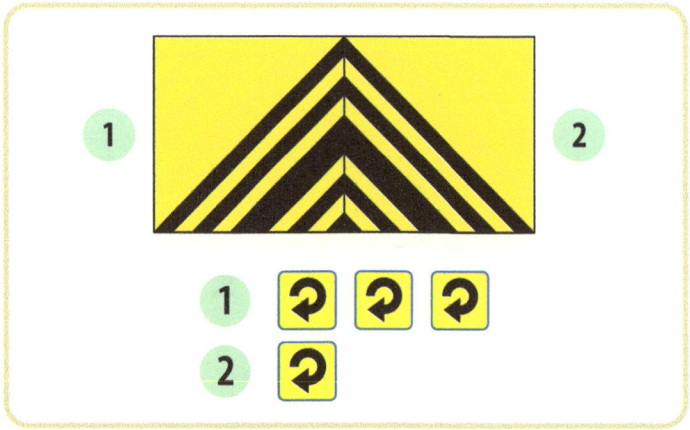

①

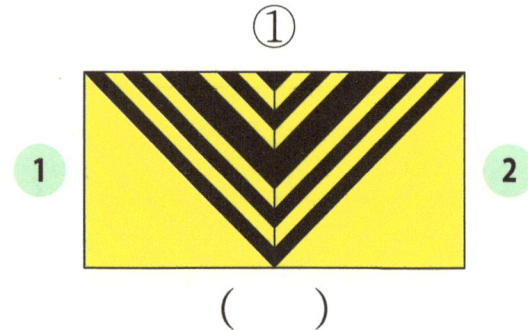

( )

②

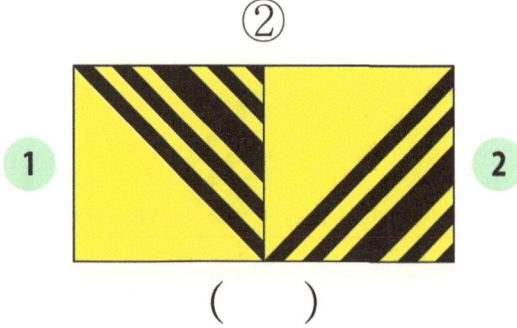

( )

● 명령어에 따라 무늬블록을 돌린 모양이 맞는 것에 ○표 하시오.

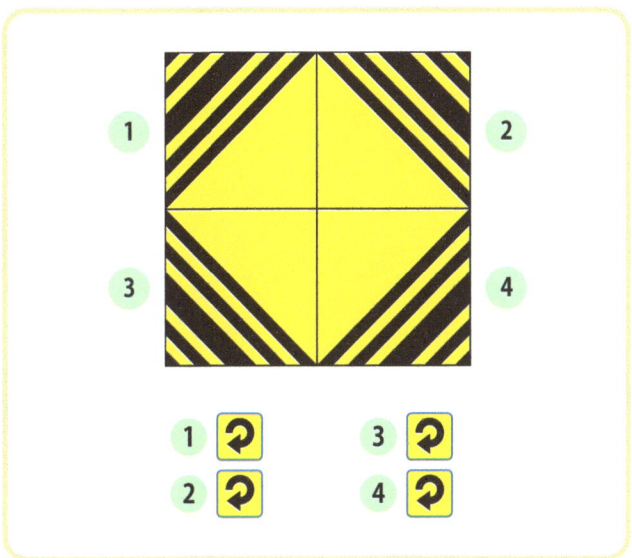

① ②

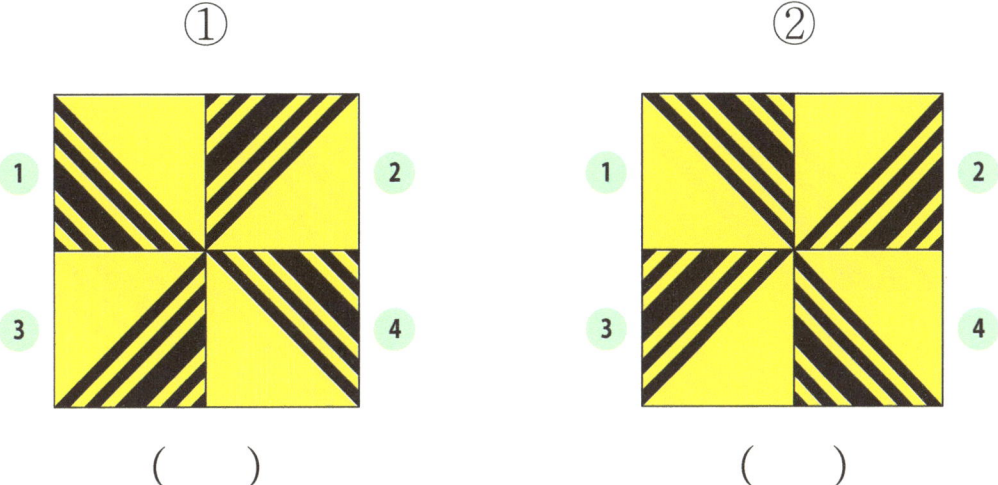

( )　　　　　　　　( )

● 명령어에 따라 무늬블록을 돌린 모양이 맞는 것에 ○표 하시오.

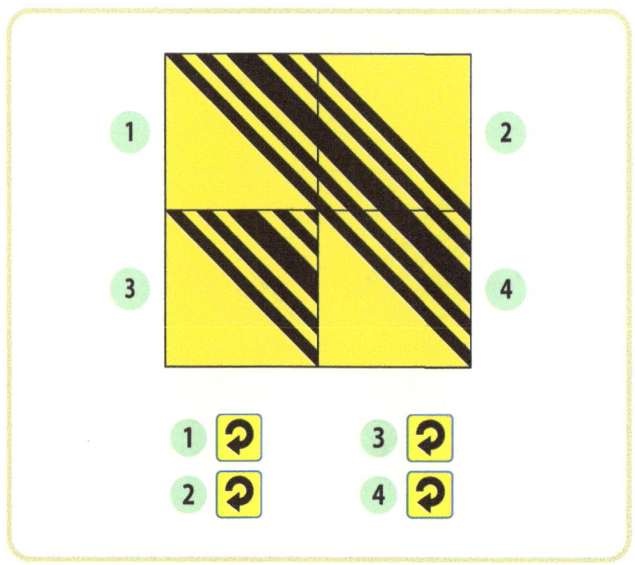

①   ②

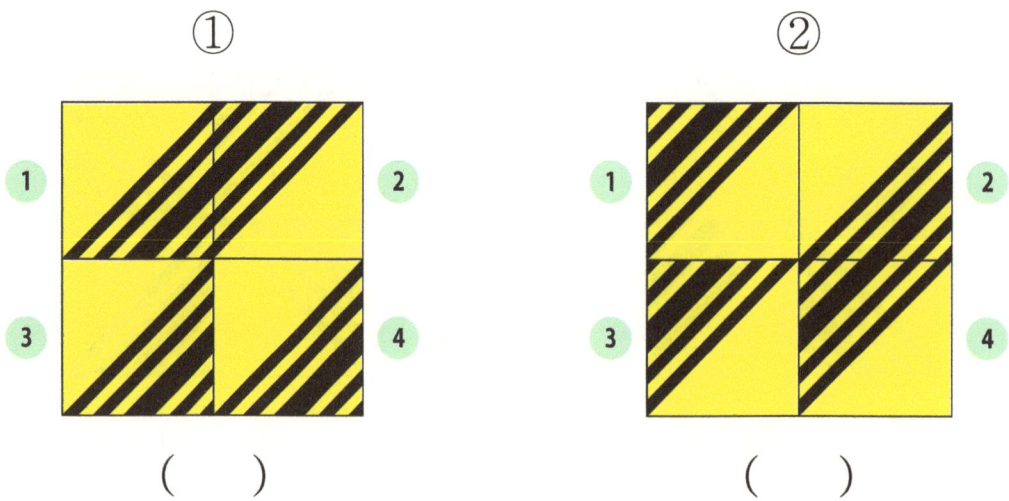

( )   ( )

● 명령어에 따라 무늬블록을 돌린 모양이 맞는 것에 ○표 하시오.

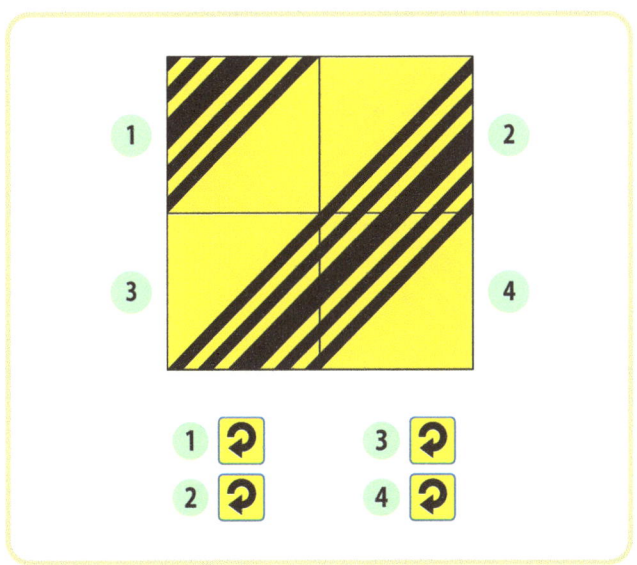

①   ②

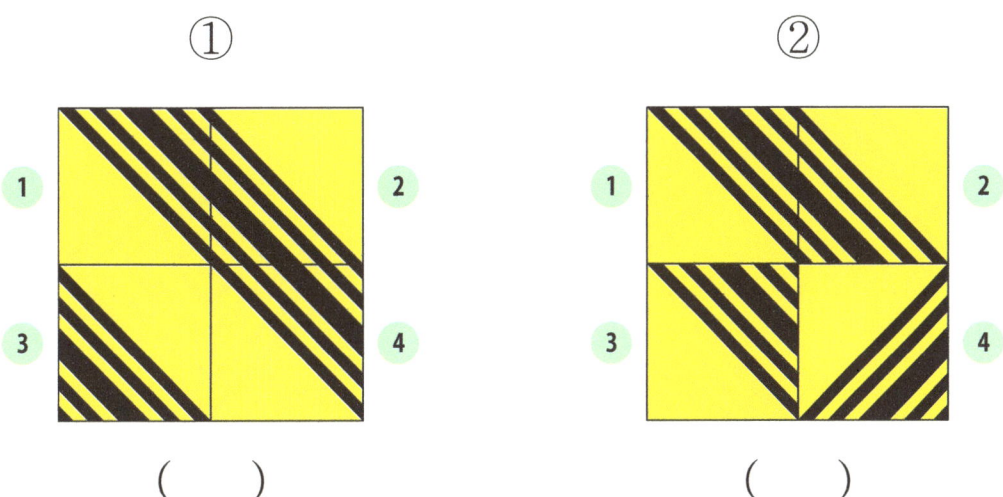

( )   ( )

● 명령어에 따라 무늬블록을 돌린 모양이 맞는 것에 ○표 하시오.

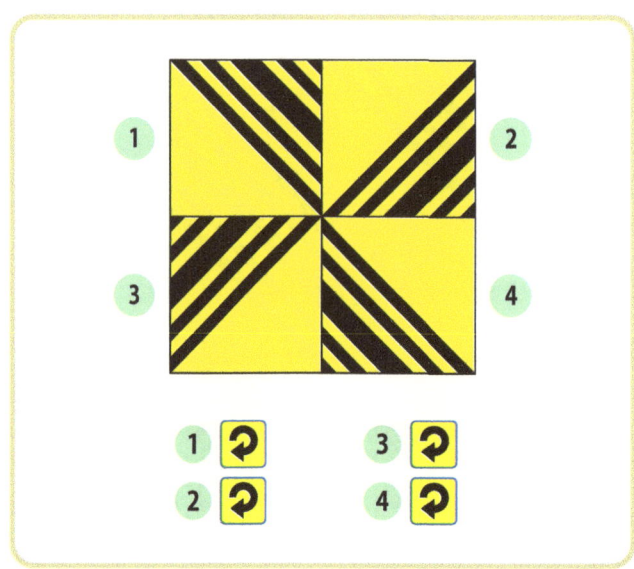

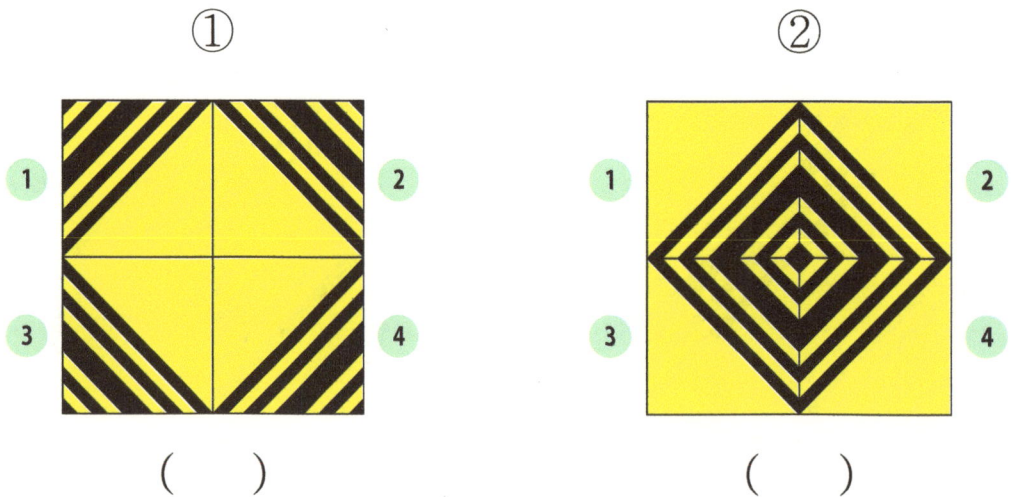

① ( )   ② ( )

● 명령어에 따라 무늬블록을 돌린 모양이 맞는 것에 ○표 하시오.

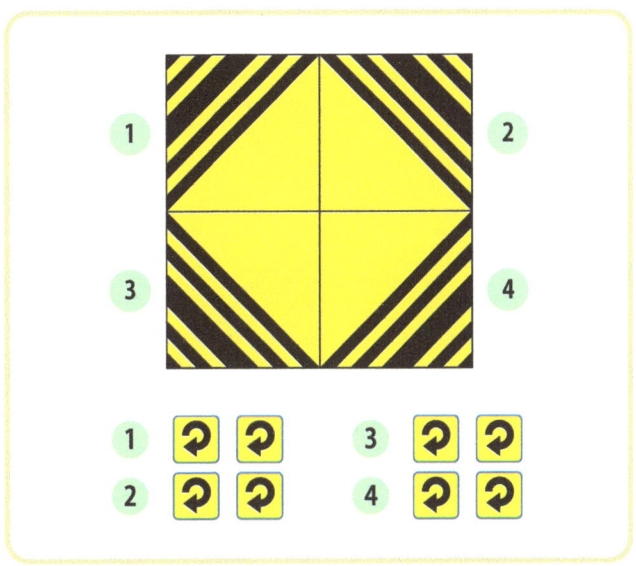

① ②

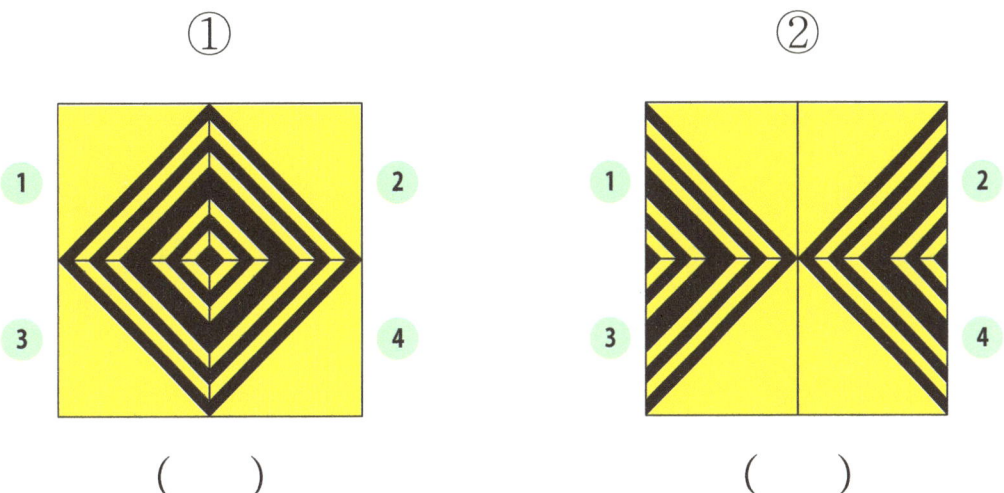

( )   ( )

● 명령어에 따라 무늬블록을 돌린 모양이 맞는 것에 ○표 하시오.

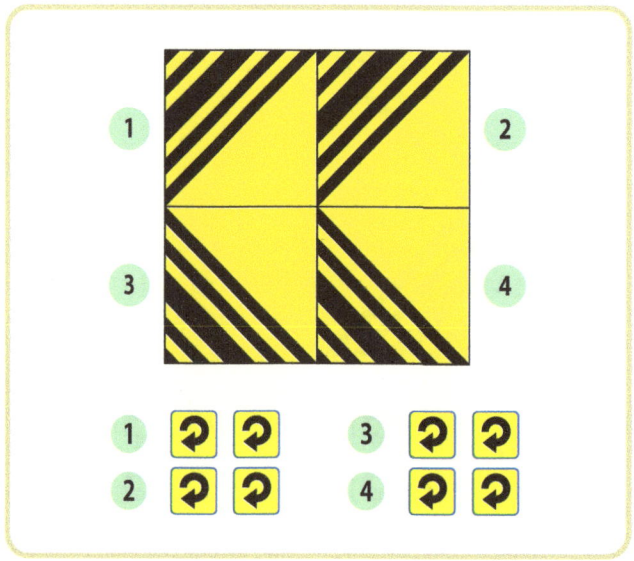

① ②

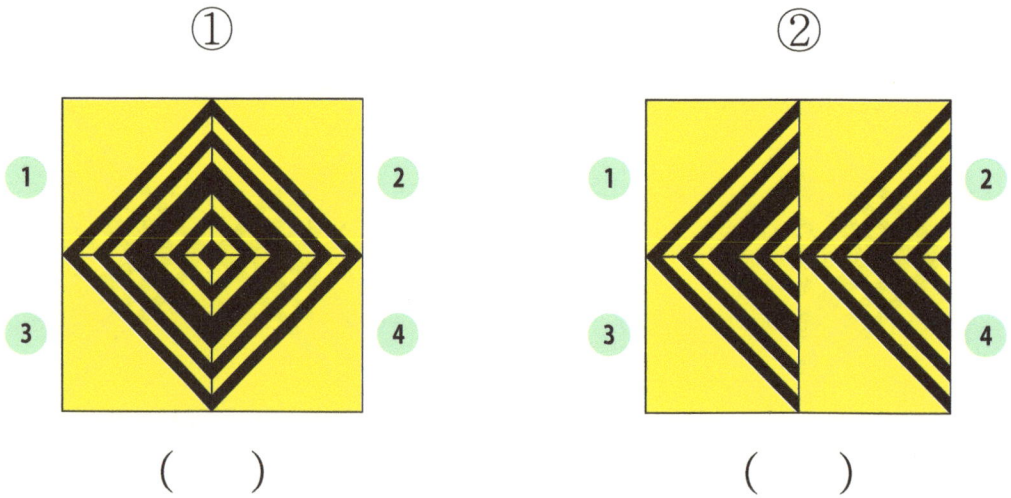

( )   ( )

● 명령어에 따라 무늬블록을 돌린 모양이 맞는 것에 ○표 하시오.

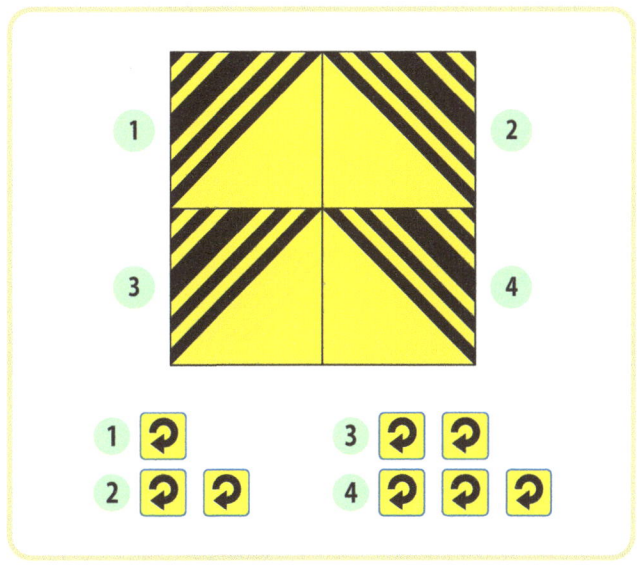

①   ②

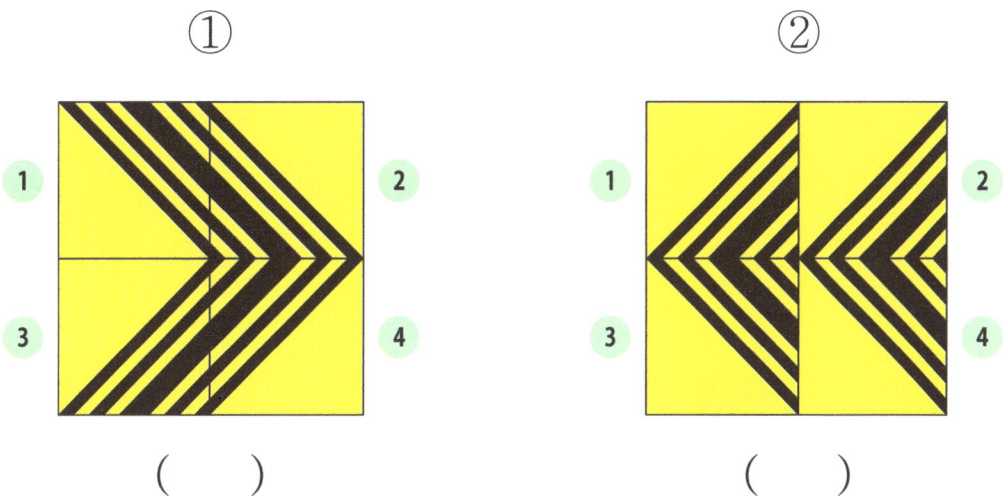

( )   ( )

해답

3쪽

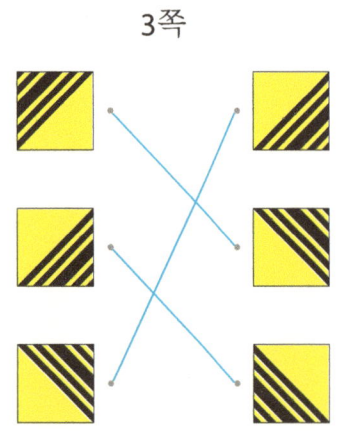

4쪽

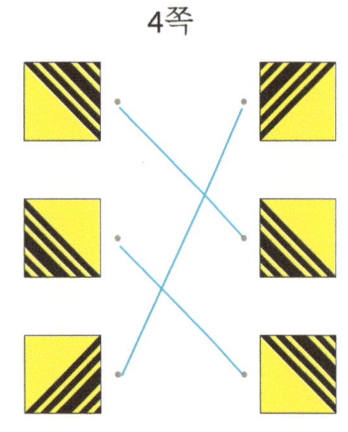

5쪽

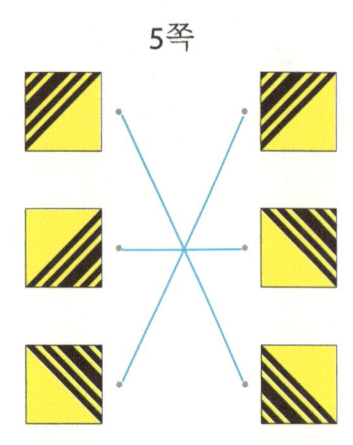

6쪽
①
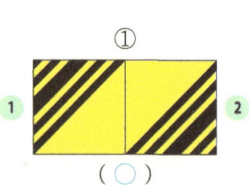
(○)

7쪽
②
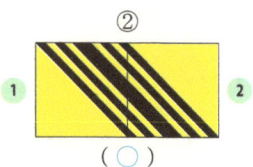
(○)

8쪽
①
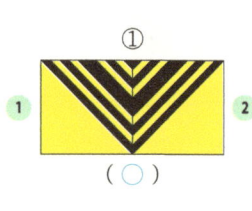
(○)

9쪽
②
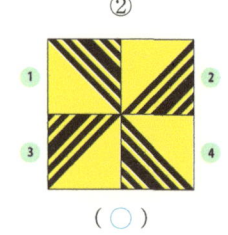
(○)

10쪽
①
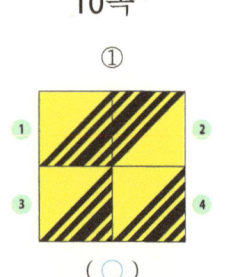
(○)

11쪽
①
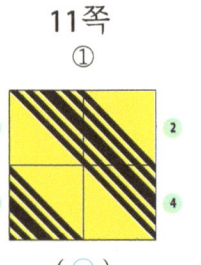
(○)

12쪽
②
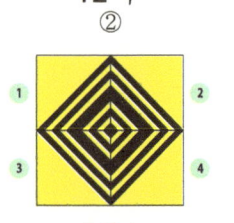
(○)

13쪽
①
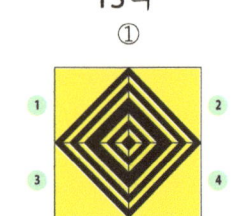
(○)

14쪽
②
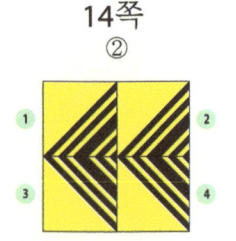
(○)

15쪽
①
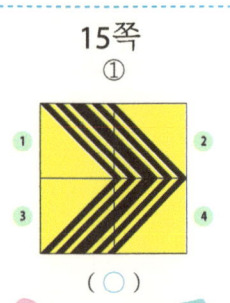
(○)

처음 시작하는 언플러그드 코딩놀이

아주 쉬운 코딩 놀이수학

암호문 풀기

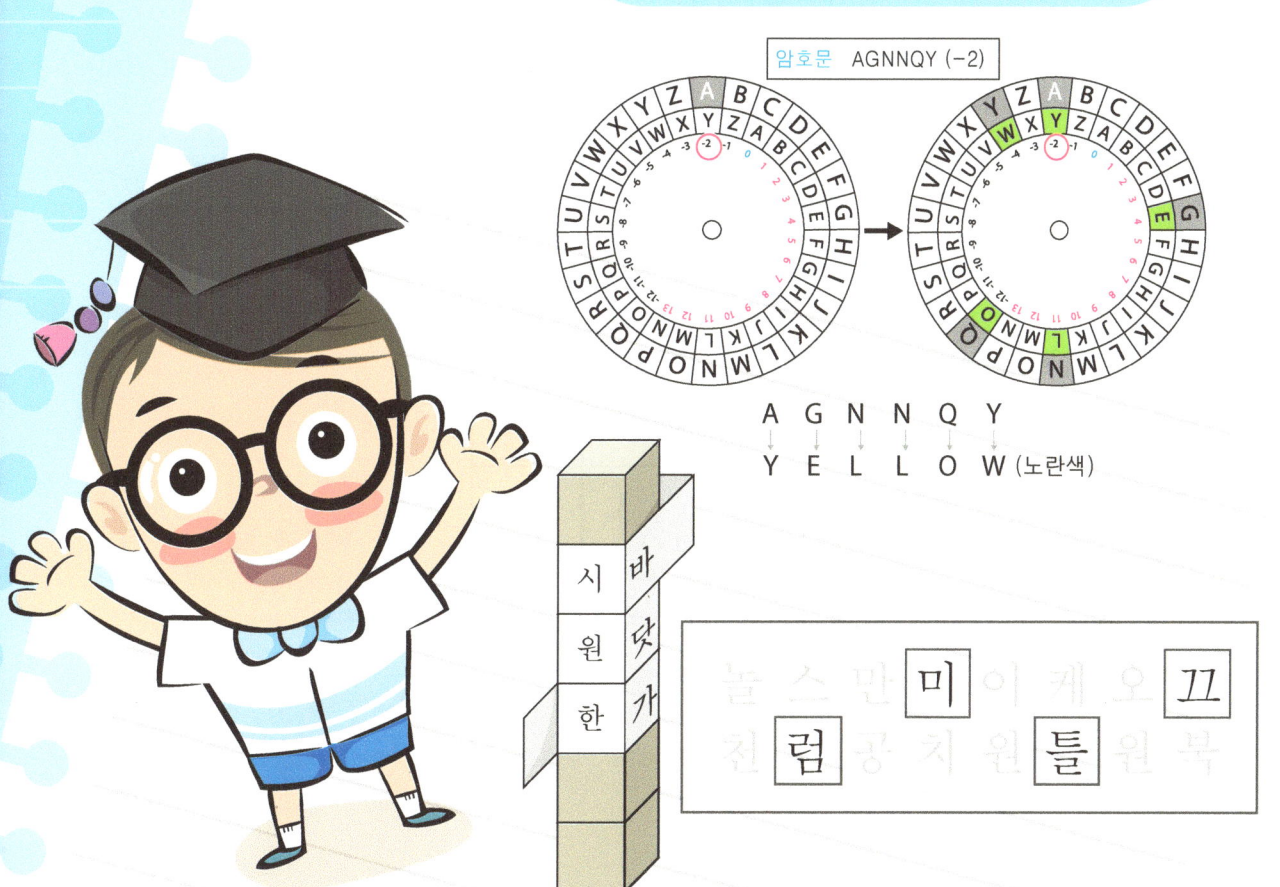

● 암호화된 글자나 숫자들을 여러 가지 암호 풀이 방법을 사용하여 풀어낼 수 있습니다. 아래 조각난 문장에서 암호를 찾아 봅시다.

(컴퓨터에서 메일을 보내거나 사이트에 가입할 때 아이디와 비밀번호를 사용합니다. 즉, 비밀보안을 위해서입니다.)

[조각난 문장 암호풀기]

1. 조각난 문장을 관찰합니다.
2. 조각의 순서를 바꿔보면서 자연스러운 단어나 문장을 만들어 봅시다.
  (위의 조각을 맞추면 색깔 이름을 찾을 수 있습니다.)

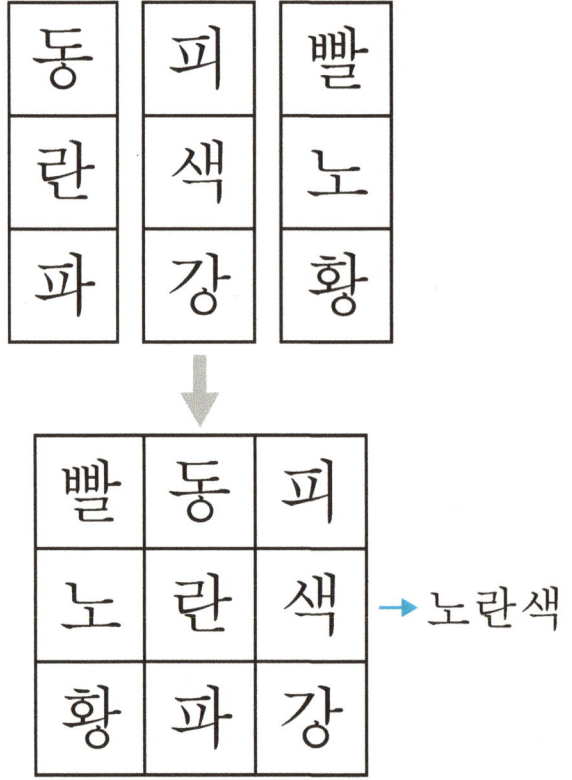

● 조각난 문장을 맞췄을 때 찾을 수 있는 동물 이름에 ○표 하시오.

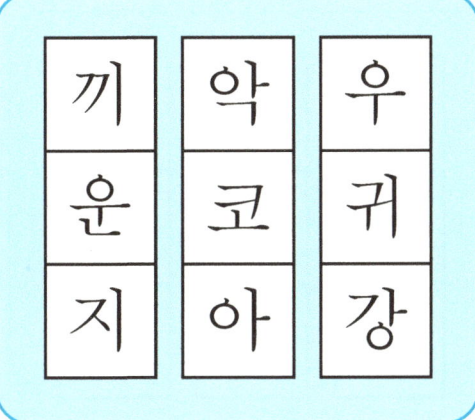

① 강아지 (　)

② 코끼리 (　)

● 조각난 문장을 맞췄을 때 찾을 수 있는 과일 이름에 ○표 하시오.

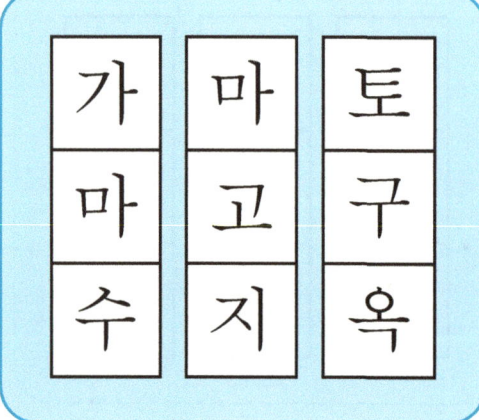

① 토마토 (　)

② 고구마 (　)

- 스키테일 암호문 푸는 방법을 알아보시오.

[스키테일 암호문]

고대 사람들은 비밀 메세지를 암호화한 후 그 암호를 풀어낼 때에는 막대기에 감아서 새로운 문장을 만들어 비밀을 풀어냈다고 합니다. 이것을 '스키테일 암호문' 이라고 합니다.

[스키테일 암호종이]

| 시 | 바 | 커 | 유 | 원 | 닷 | 다 | 람 | 한 | 가 | 란 | 선 |

일정한 4개의 면에 암호종이를 감으면 암호를 풀 수 있습니다. 글자를 4개씩 아래로 내려가면서 읽으면 암호를 풀 수 있습니다.

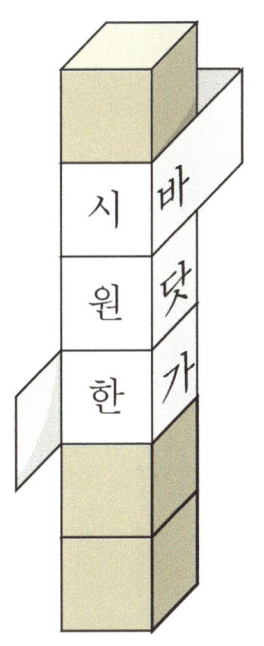 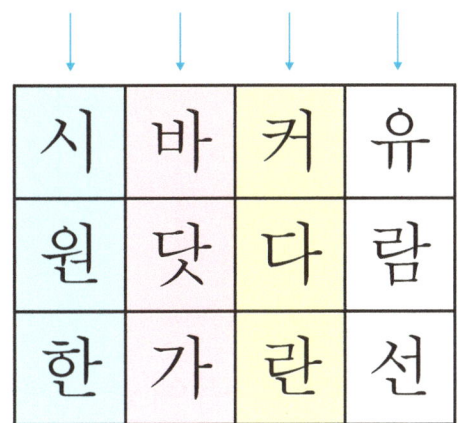

시원한 바닷가 커다란 유람선

● 스키테일 암호문을 맞게 푼 것에 ○표 하시오.

| 예 | 귀 | 우 | 강 | 쁘 | 여 | 리 | 아 | 고 | 운 | 집 | 지 |

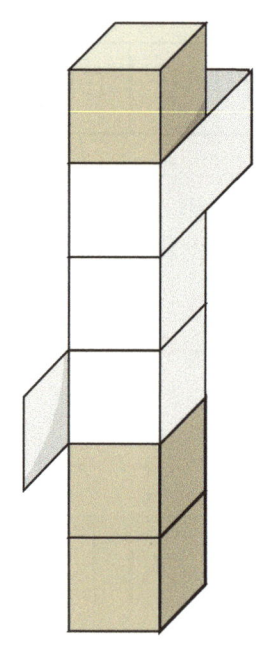

① 예쁘고 귀여운 울타리 송아지 (   )

② 예쁘고 귀여운 우리집 강아지 (   )

● 스키테일 암호문 푸는 방법을 알아보시오.

| 맛 | 달 | 노 | 바 | 있 | 콤 | 란 | 나 | 고 | 한 | 색 | 나 |

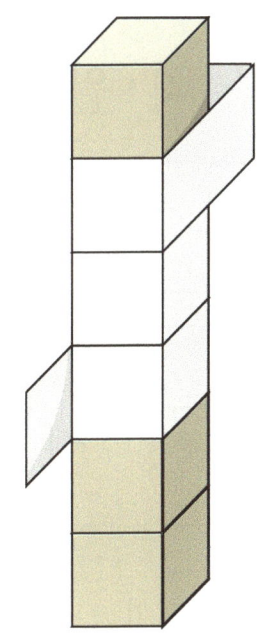

① 맛있고 달콤한 노란색 바나나 (   )

② 노랗고 맛있는 달달한 바닐라 (   )

- 구멍난 종이를 이용하여 암호를 푸는 방법을 알아봅시다.

구멍난 암호판을 암호 종이에 올려놓으면 구멍난 곳으로 보이는 글자가 암호가 됩니다.

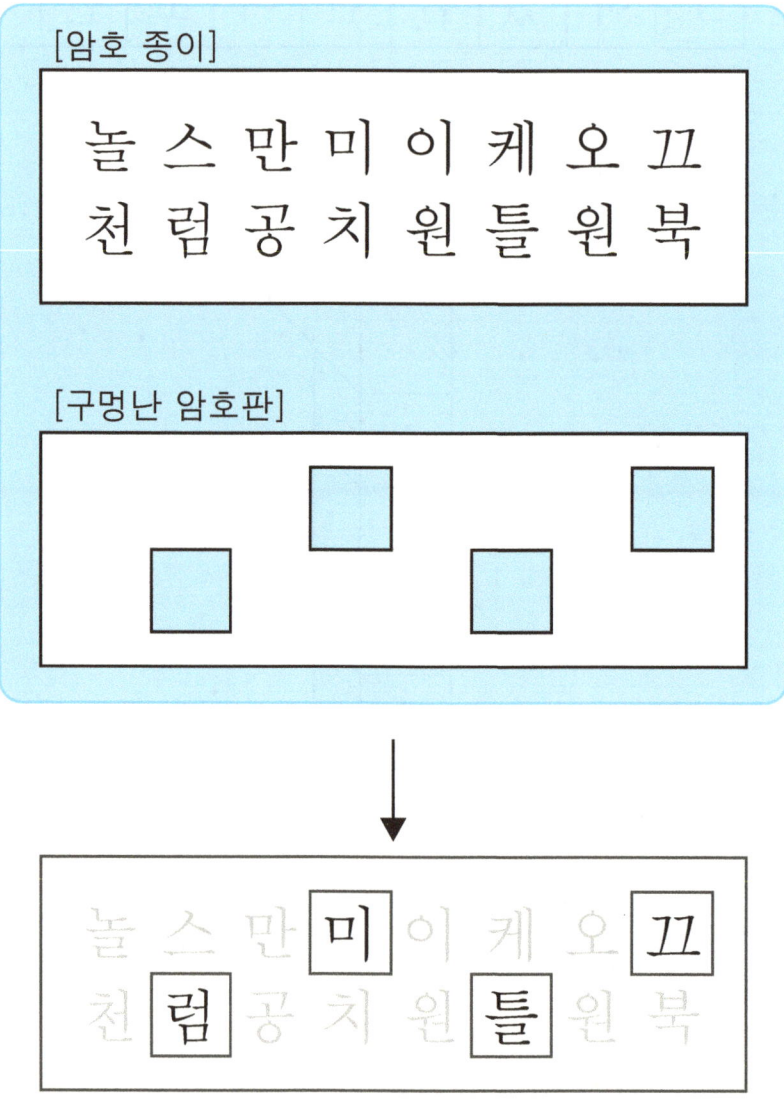

● 구멍난 종이로 암호를 풀었을 때의 암호를 맞게 연결하시오.

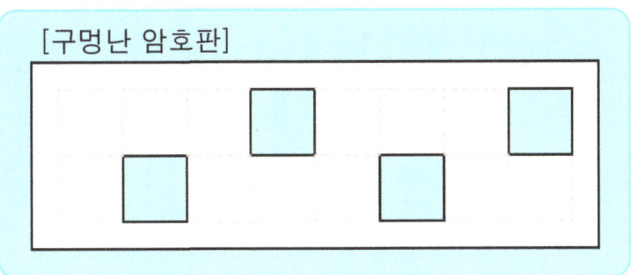

[구멍난 암호판]

| 당 파 만 스 이 인 구 케
플 치 공 치 수 북 박 돌 | • | • 크 레 파 스 |

| 소 축 만 크 이 케 구 레
천 파 공 거 수 스 박 돌 | • | • 요 구 르 트 |

| 당 축 두 파 이 케 리 인
트 애 공 치 수 플 박 돌 | • | • 스 케 치 북 |

| 당 축 만 요 이 케 구 구
단 르 공 치 수 트 북 돌 | • | • 파 인 애 플 |

9

● 구멍난 종이로 암호를 풀었을 때의 암호를 맞게 연결하시오.

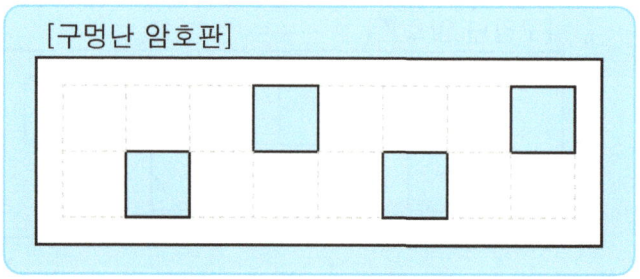

당 파 만 세 이 인 구 계
플 지 공 치 수 도 박 돌

● 배 추 김 치

소 축 만 프 이 케 구 라
천 이 공 거 수 팬 박 돌

● 세 계 지 도

당 축 두 오 이 케 리 랑
트 우 공 치 수 탄 박 돌

● 오 랑 우 탄

당 축 만 배 이 케 구 추
단 김 공 치 수 치 트 돌

● 프 라 이 팬

● 원형 암호판을 관찰하시오.

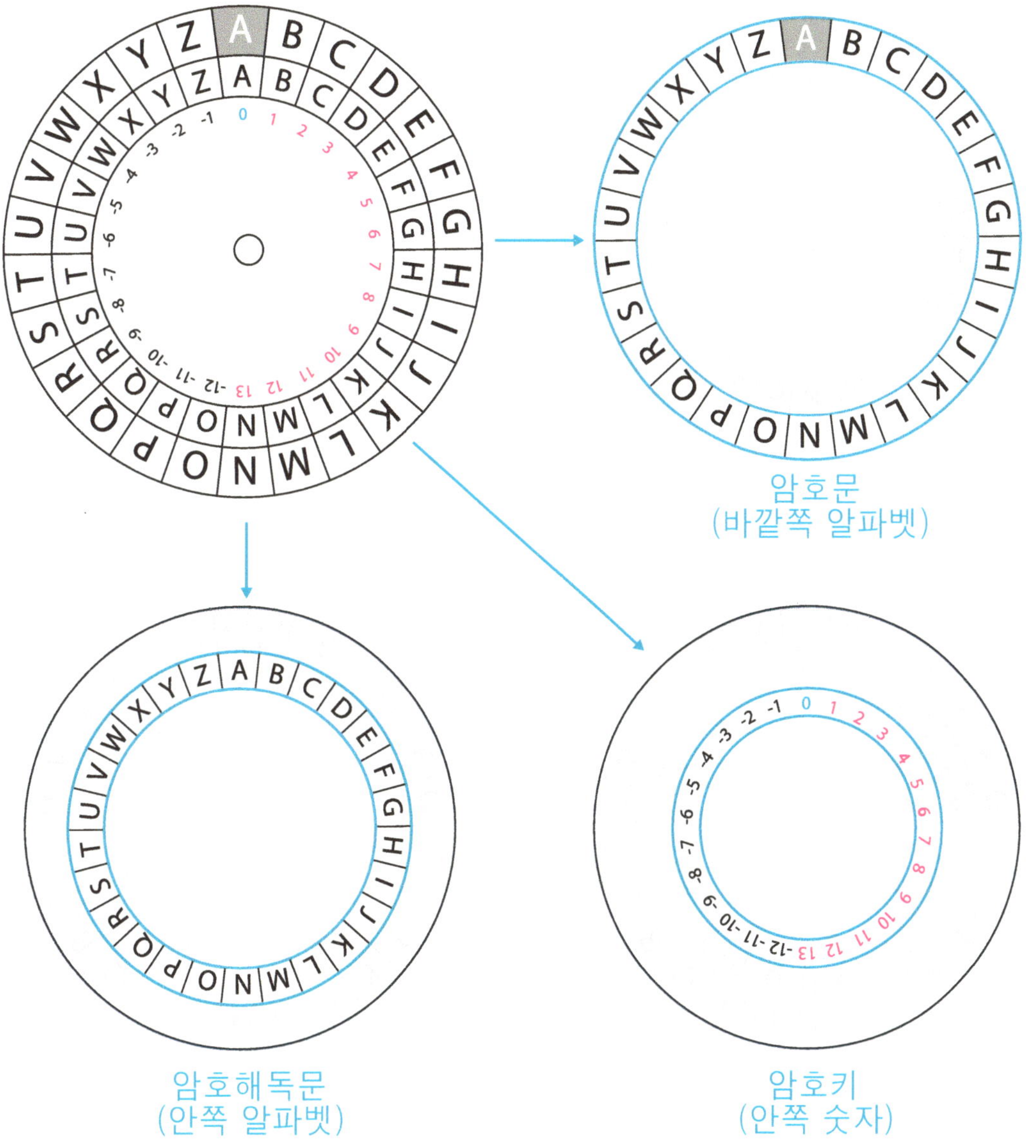

암호문
(바깥쪽 알파벳)

암호해독문
(안쪽 알파벳)

암호키
(안쪽 숫자)

[시저 암호문]
로마시대의 시저는 문자 등을 일정하게 위치를 이동시켜 암호문을 만들어 냈다고 합니다. 이것을 '시저 암호문'이라고 합니다.

● 원형 암호판으로 암호문 푸는 방법을 알아보시오.

암호문 AGNNQY (−2)

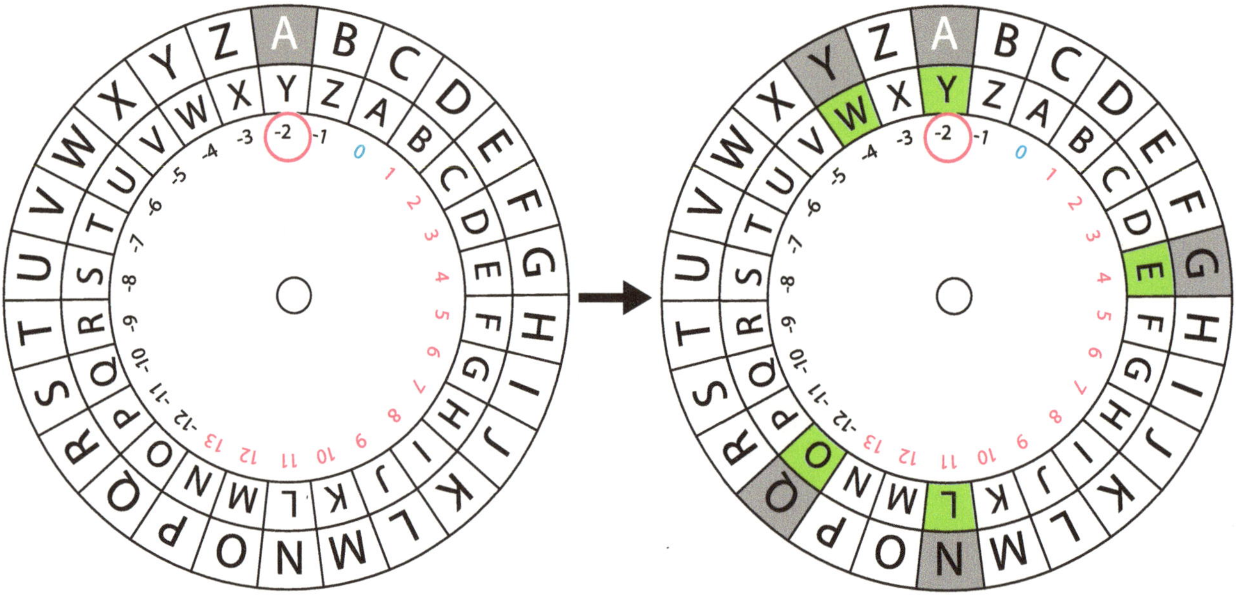

A G N N Q Y
↓ ↓ ↓ ↓ ↓ ↓
Y E L L O W (노란색)

[암호문 풀이 방법-암호키 : −2인 경우]

1. 암호키 −2를 암호문의 기준칸 A와 일치시킵니다.

2. 암호 AGNNQY와 일치하는 암호 해독문의 알파벳이 암호입니다.

● 네모칸의 암호문을 푼 것에 ○표 하시오.

VD (11)

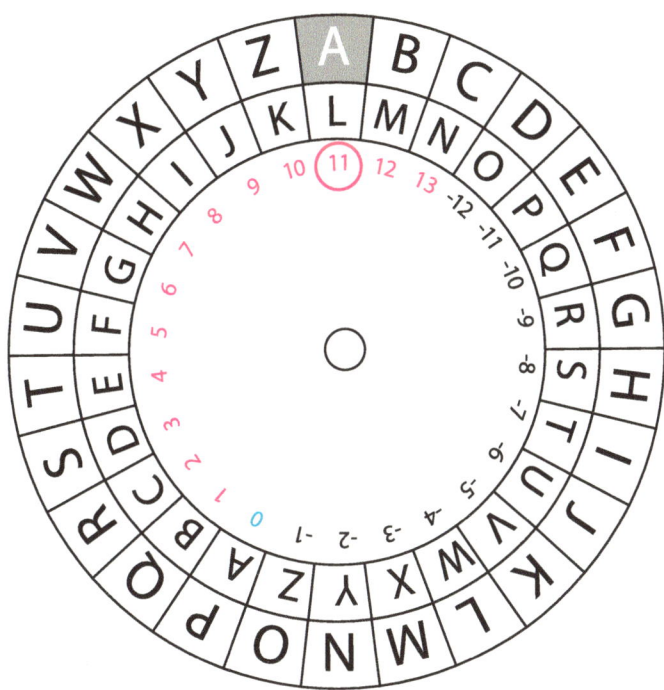

① GO (   )

② KS (   )

● 네모칸의 암호문을 푼 것에 ○표 하시오.

WYR (-4)

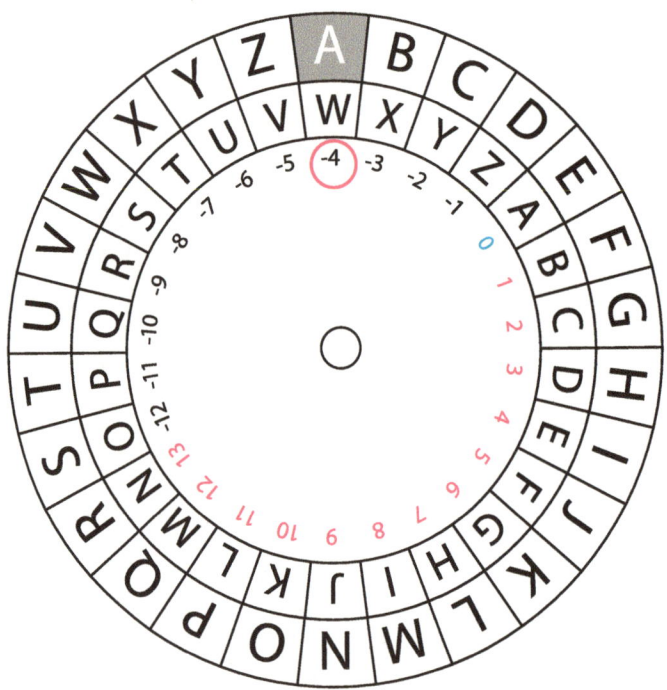

① WYR (   )

② SUN (   )

● 네모칸의 암호문을 푼 것에 ○표 하시오.

CRRNG (−2)

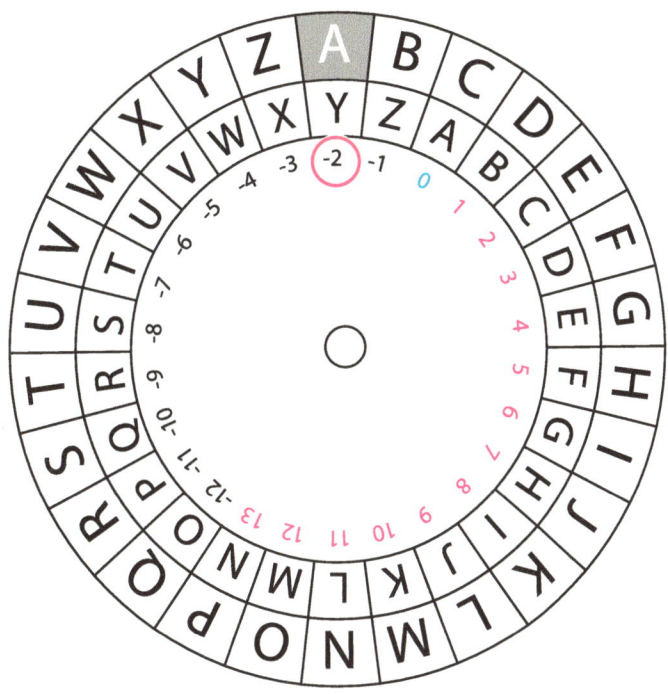

① ETTPI (   )

② APPLE (   )

아주 쉬운 코딩 놀이수학

해답

3쪽

우	악	끼
귀	코	운
강	아	지

① 강아지 (○)

4쪽

마	토	가
고	구	마
지	옥	수

② 고구마 (○)

6쪽

| 예 | 귀 | 우 | 강 | 쁘 | 여 | 리 | 아 | 고 | 운 | 집 | 지 |

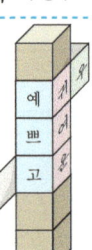

② 예쁘고 귀여운 우리집 강아지 (○)

7쪽

| 맛 | 달 | 노 | 바 | 있 | 콤 | 란 | 나 | 고 | 한 | 색 | 나 |

① 맛있고 달콤한 노란색 바나나 (○)

9쪽

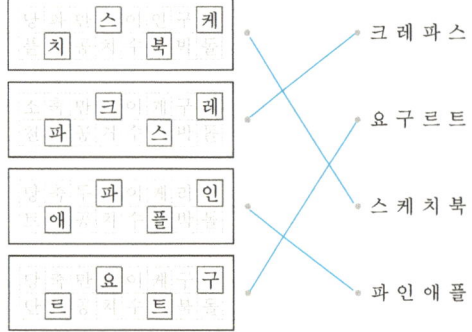

- 크레파스
- 요구르트
- 스케치북
- 파인애플

10쪽

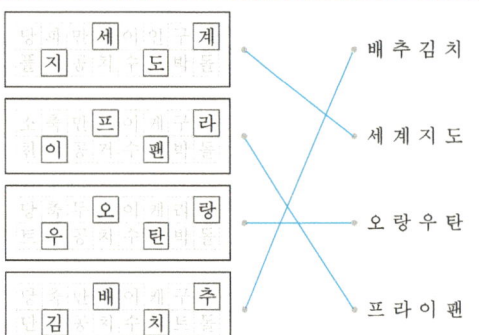

- 배추김치
- 세계지도
- 오랑우탄
- 프라이팬

13쪽

VD (11)

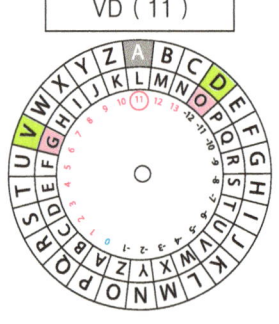

① GO (○)

14쪽

WYR (−4)

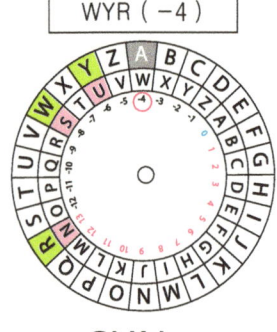

② SUN (○)

15쪽

CRRNG (−2)

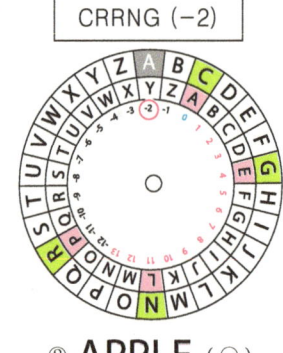

② APPLE (○)

처음 시작하는 언플러그드 코딩놀이

아주 쉬운 코딩 놀이수학

코딩 모양 타일

● 코딩 모양 타일을 관찰하면서 서로 관계되는 공통점을 알아보시오.

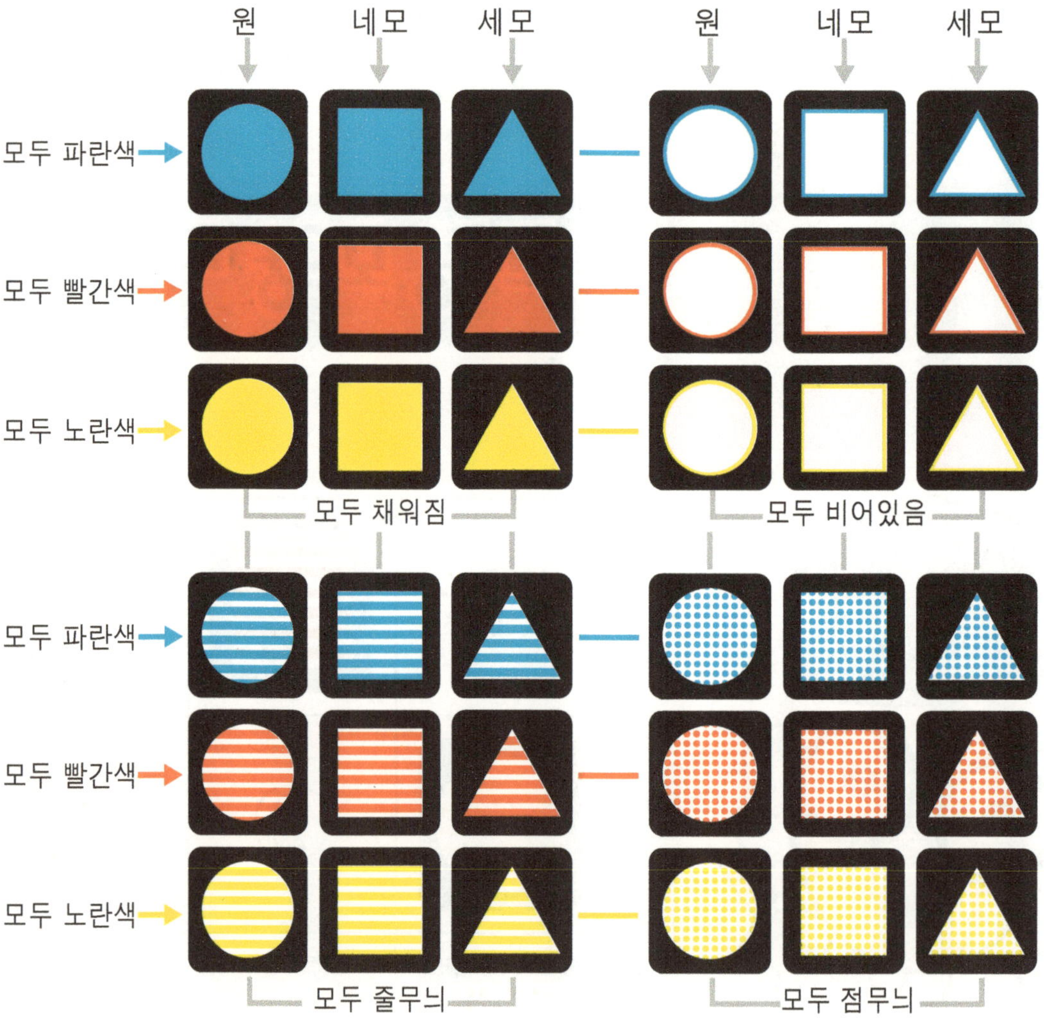

● 서로 관계있는 것끼리 연결하시오.(모양)

- 서로 관계있는 것끼리 연결하시오.(색깔)

● 서로 관계있는 것끼리 연결하시오. (무늬)

● 첫번째 모양과 관계있는 것에 ○표 하시오.

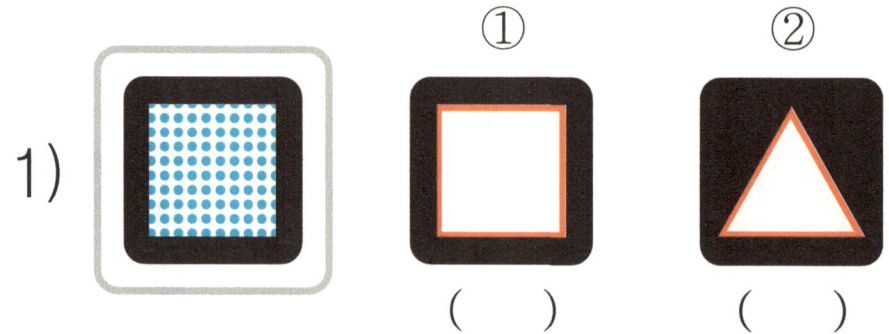

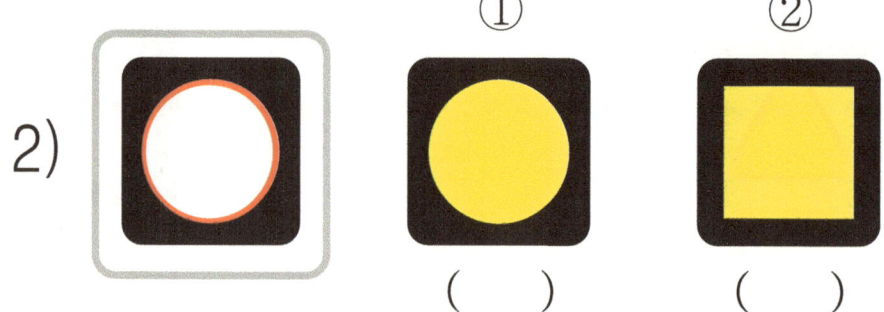

● 첫번째 모양과 관계있는 것에 ◯표 하시오.

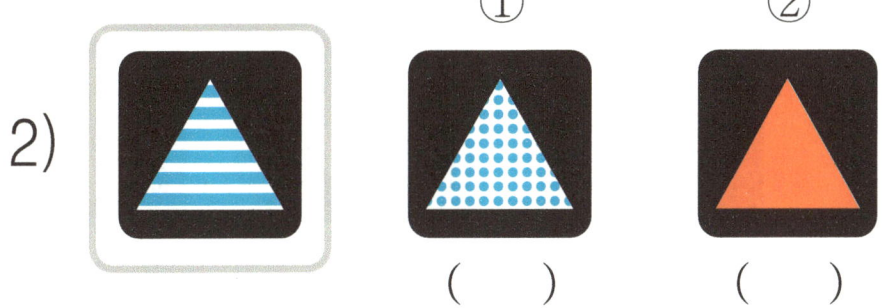

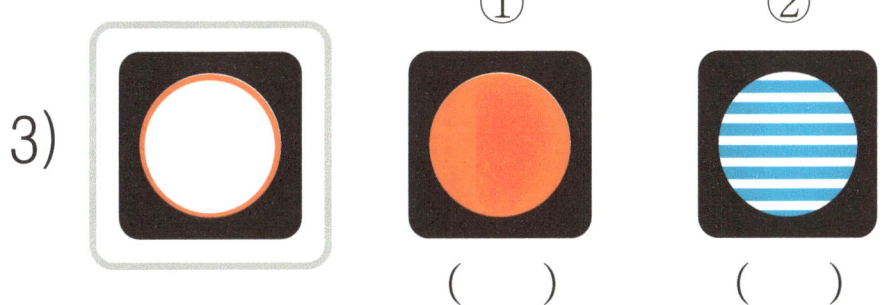

● 첫번째 모양과 관계있는 것에 ○표 하시오.

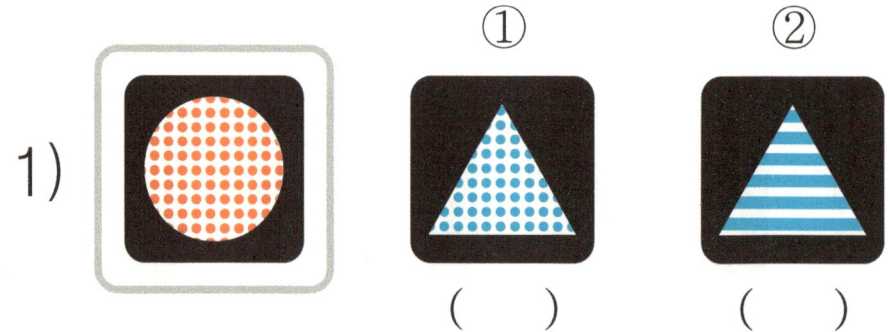

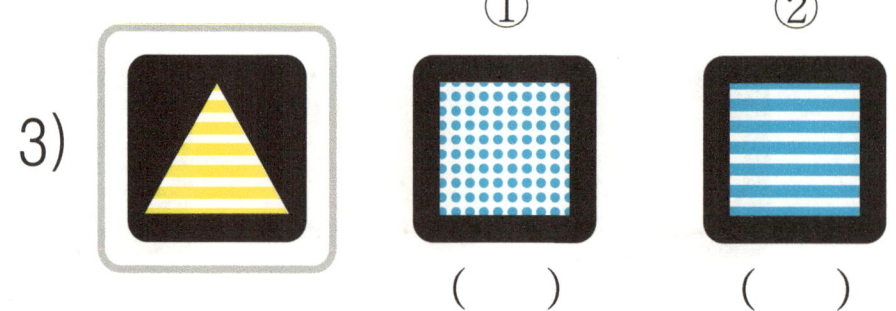

● 서로 관계없는 것에 ○표 하시오.

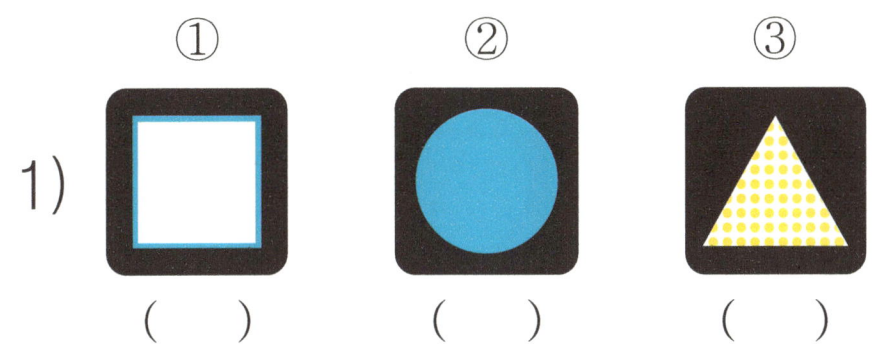

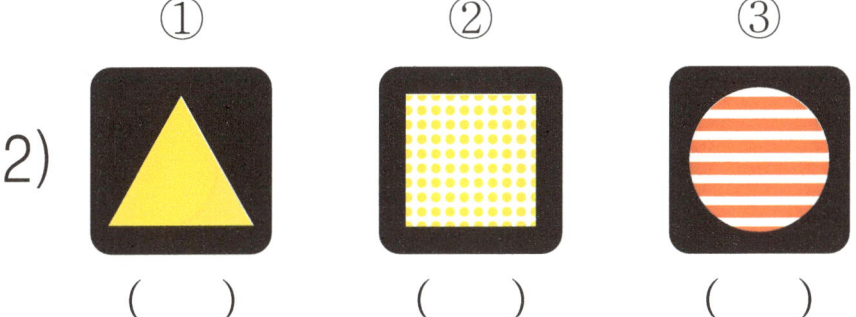

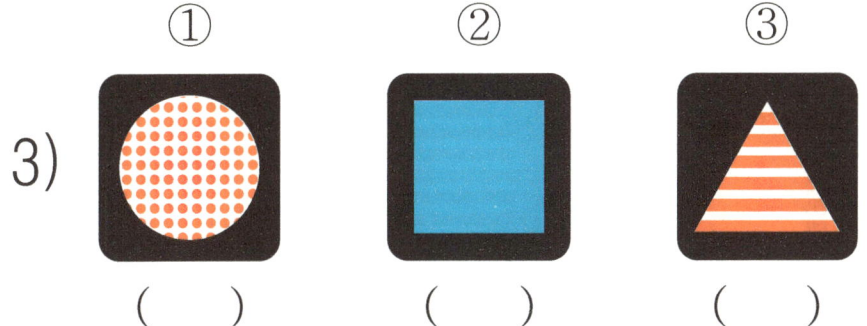

● 서로 관계없는 것에 ○표 하시오.

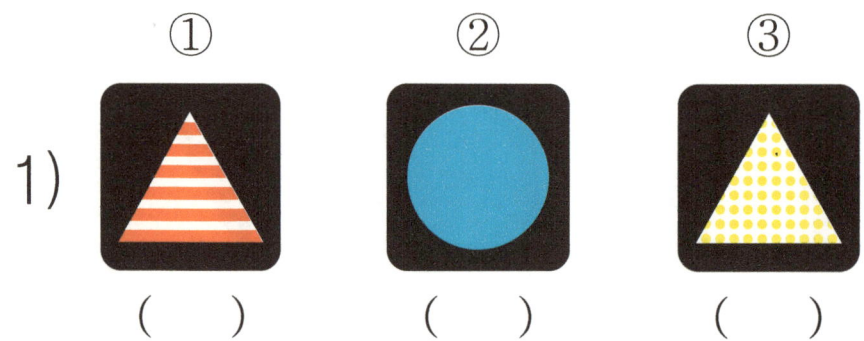

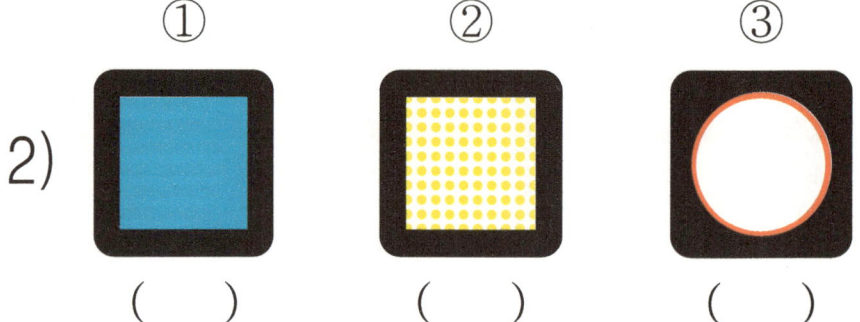

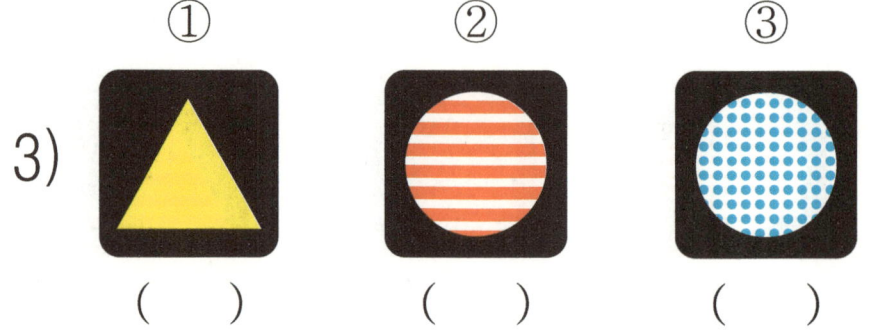

- 서로 관계없는 것에 ○표 하시오.

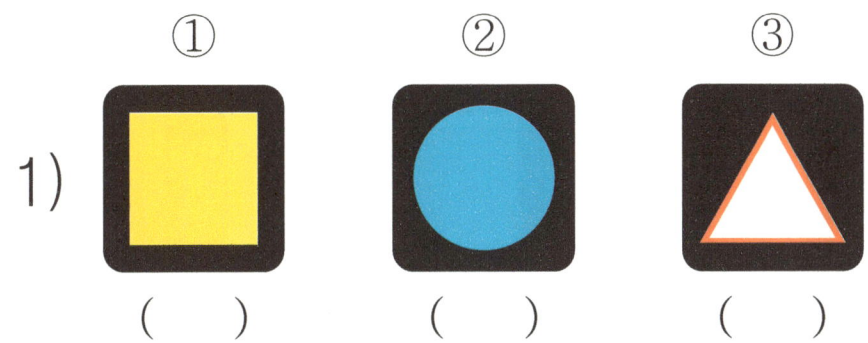

● 서로 공통점이 2가지가 아닌 것에 것에 ○표 하시오.

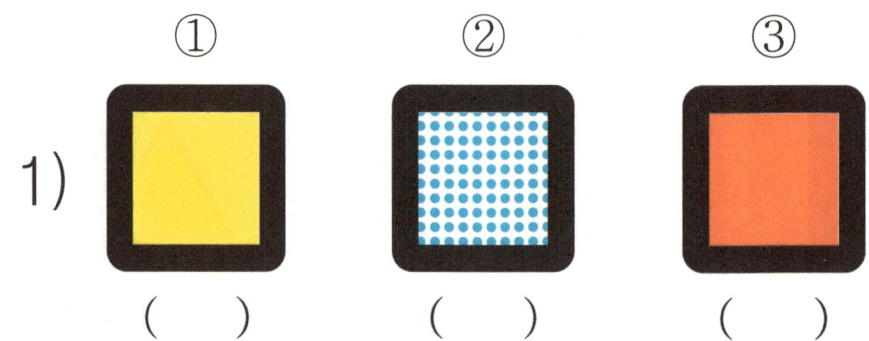

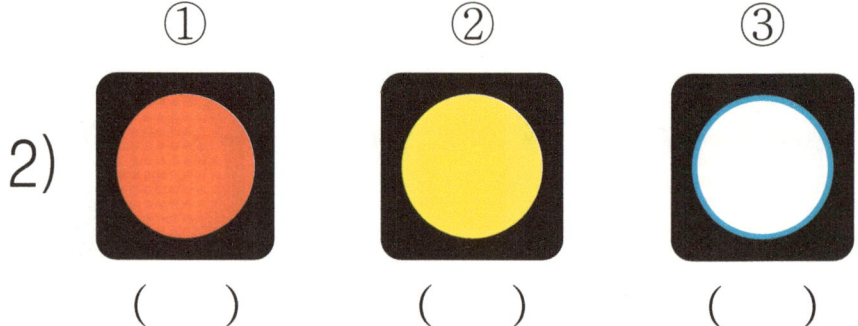

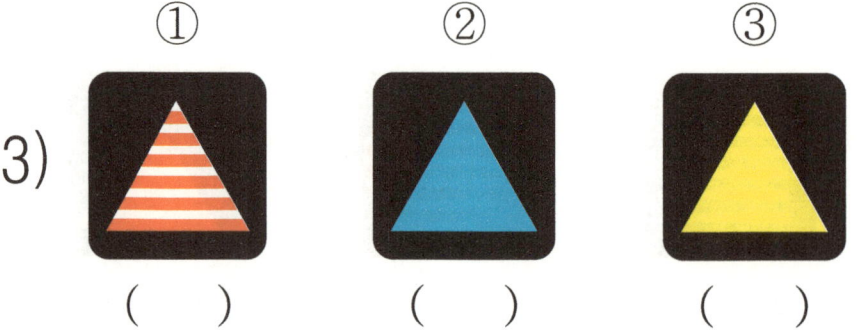

● 서로 공통점이 2가지가 아닌 것에 것에 ○표 하시오.

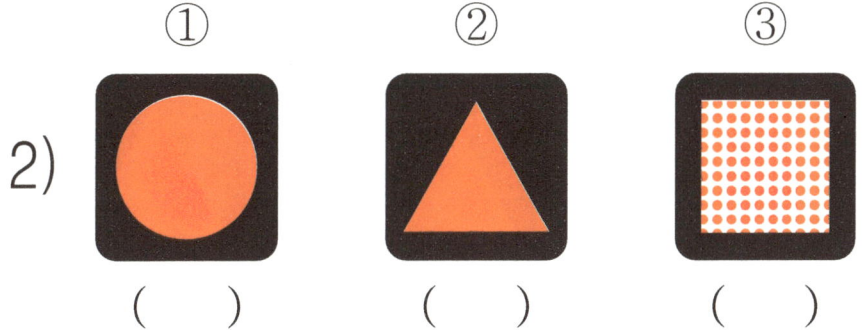

● 서로 공통점이 2가지가 아닌 것에 것에 ○표 하시오.

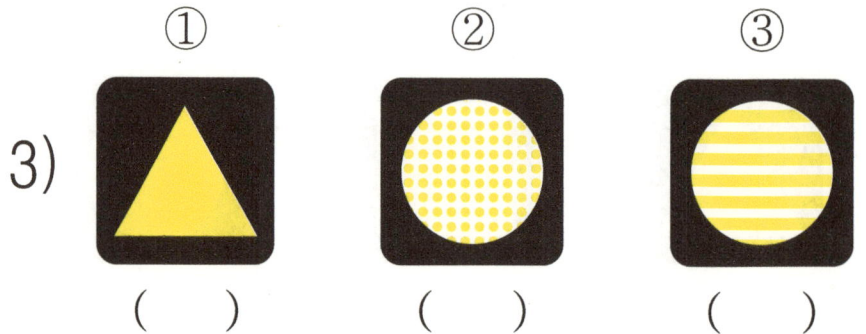

● 가로 세로줄에 있는 모양과 공통점이 하나도 없도록 빈칸에 들어올 모양을 찾아 연결하시오.

① •   •

② •   •

③ •   •

15

해답

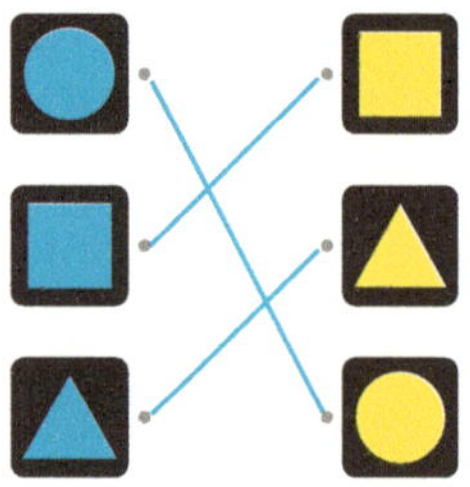

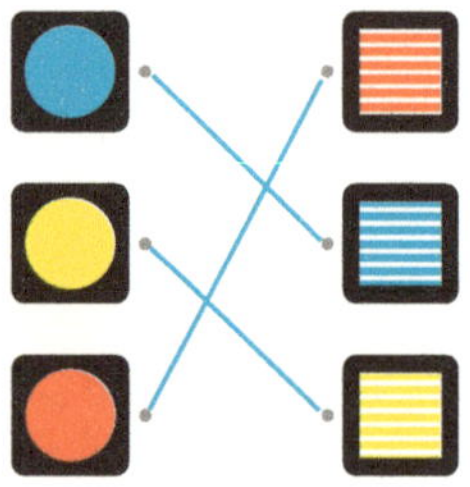

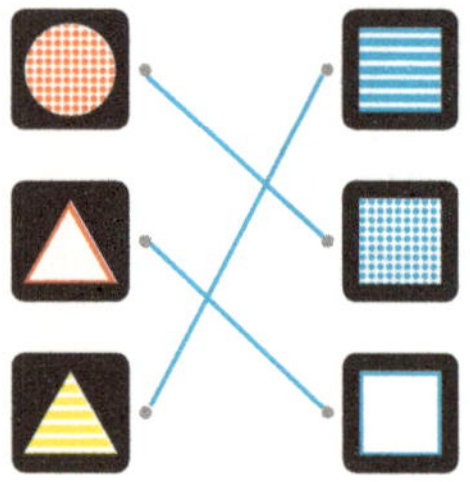

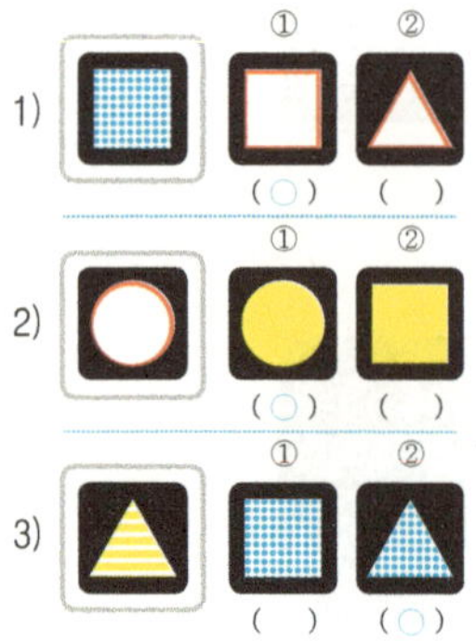

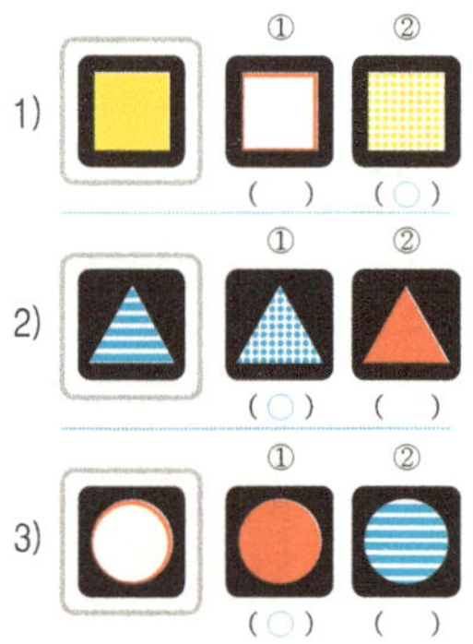

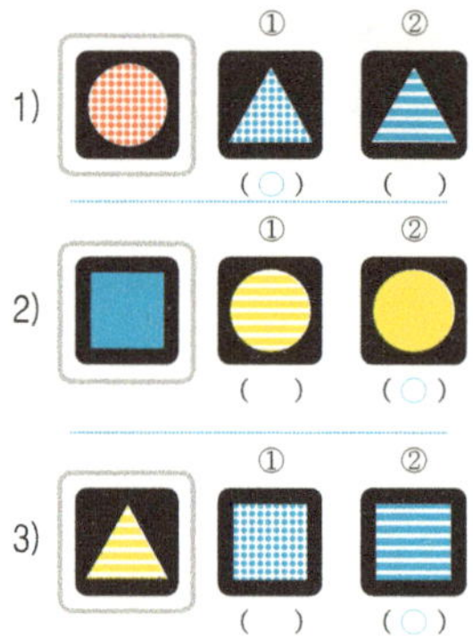

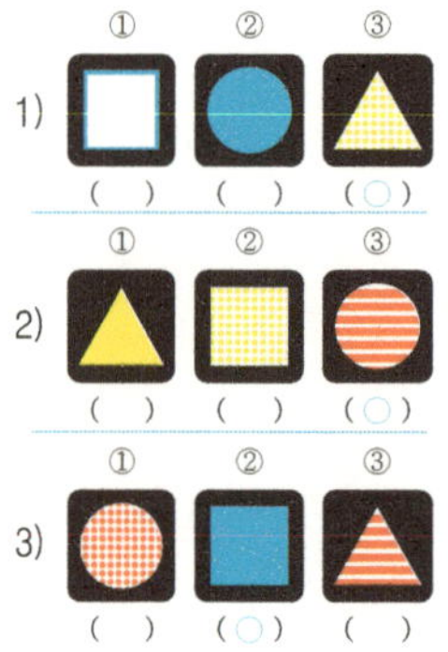

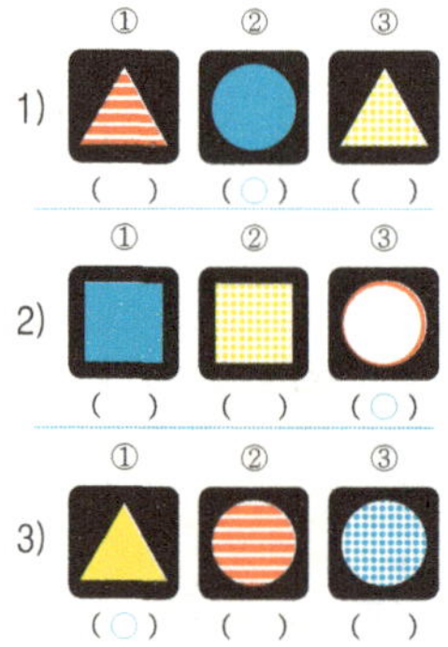

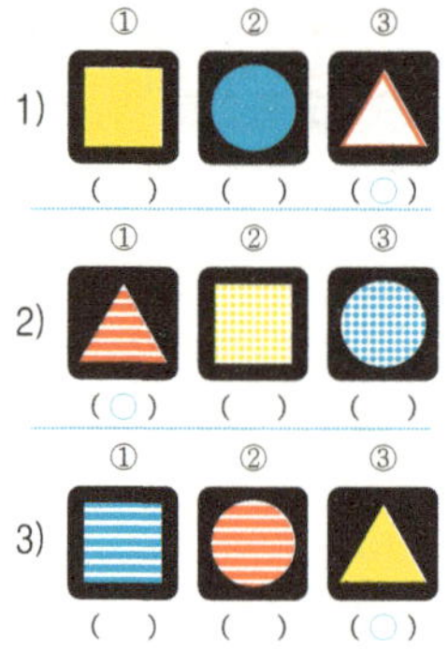

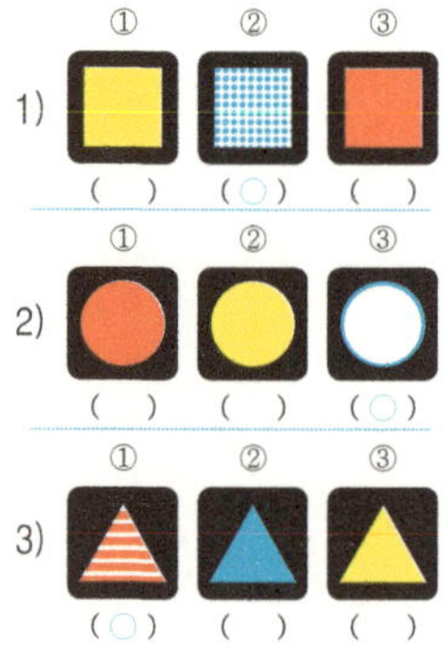

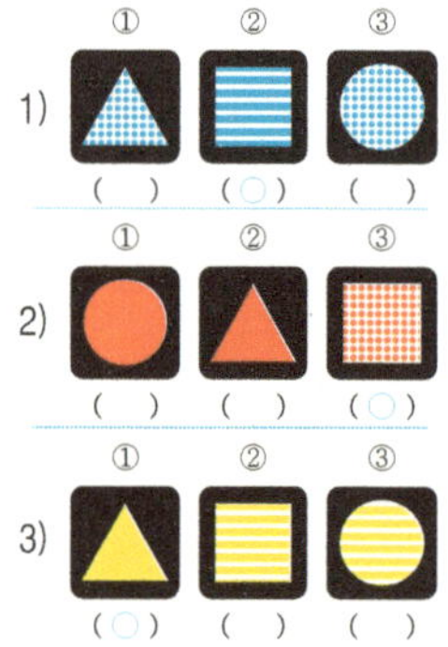

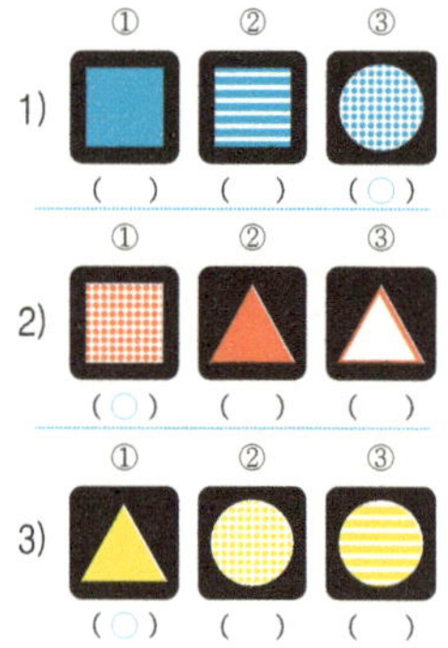

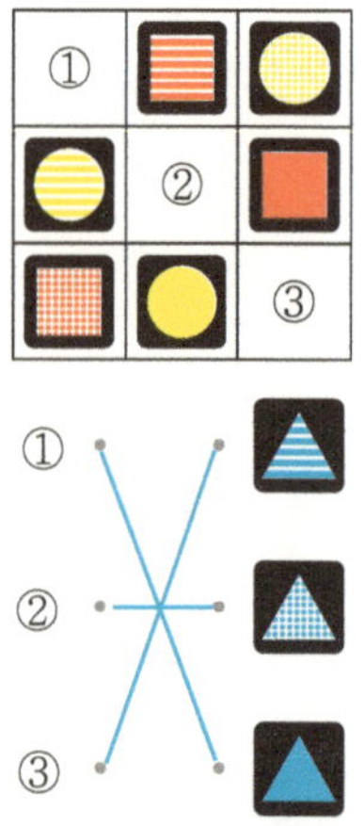

처음 시작하는 언플러그드 코딩놀이

아주 쉬운 코딩 놀이수학

순서도

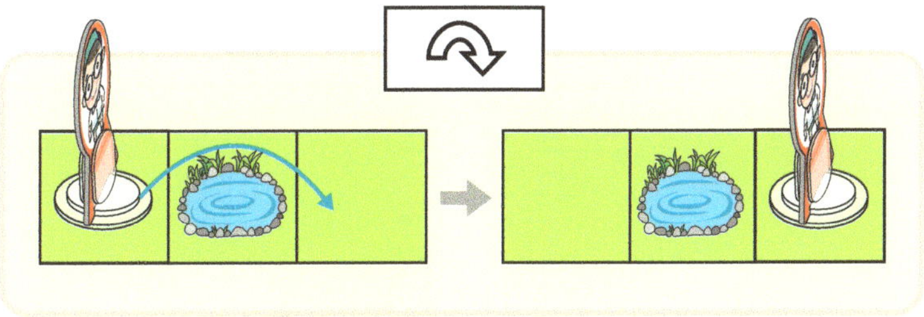

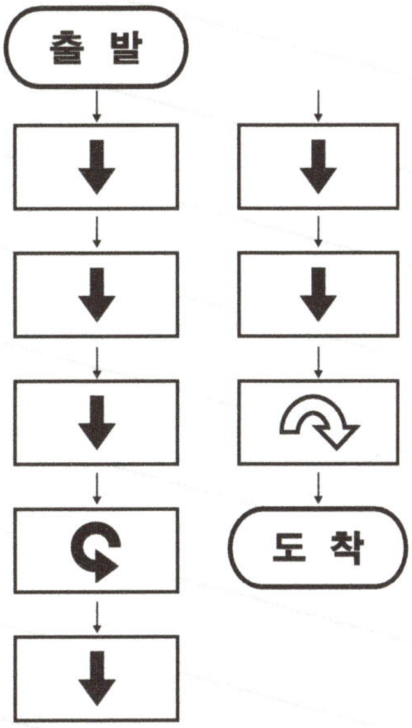

● 순서도의 기호를 알아보시오.

[기호의 설명] --

타원 : 시작(출발)과 끝(도착)을 나타냅니다.

직사각형 : 명령어 즉, 일의 진행을 나타냅니다.

앞으로 한 칸 갑니다.   왼쪽으로 돕니다.   오른쪽으로 돕니다.   앞으로 한 칸 건너뜁니다.

마름모 : 조건 기호입니다. 내용에 따라 예와 아니오의 화살표로 이동합니다.

앞에 연못이 있는지를 묻는 기호입니다.   앞에 벽이 있는지를 묻는 기호입니다.

● 순서도에 맞게 놀이말이 도착한 곳에 ○표 하시오.

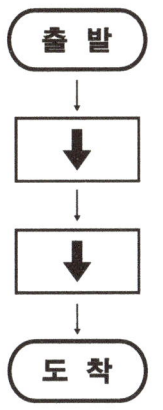

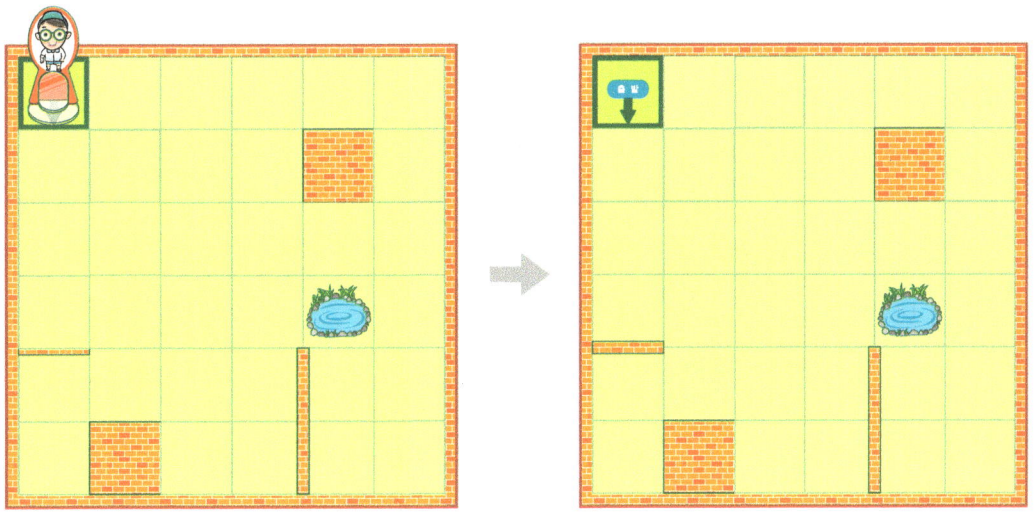

● 순서도에 맞게 놀이말이 도착한 곳에 ○표 하시오.

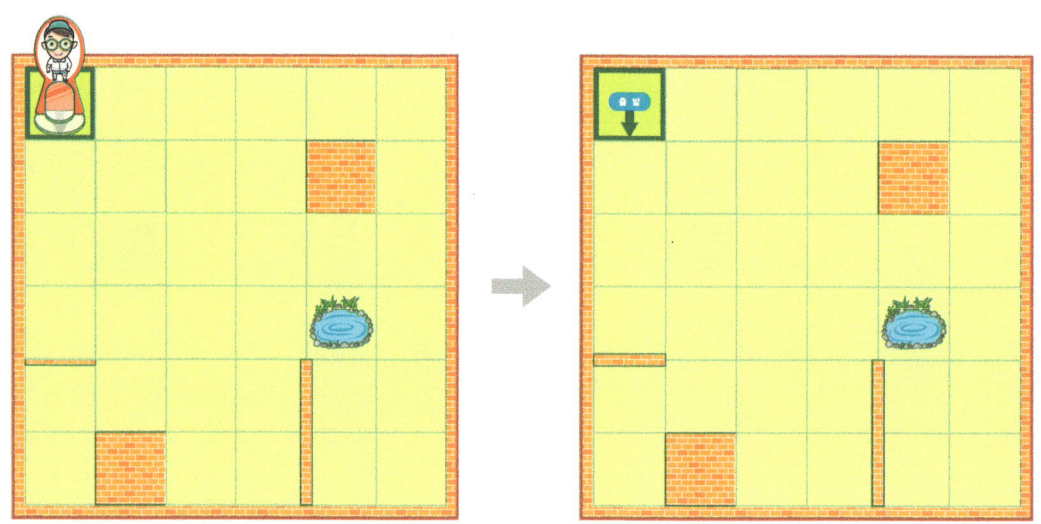

- 명령어에 따라 말이 움직이는 모양을 관찰하시오.(말의 방향을 자세히 관찰합니다.)

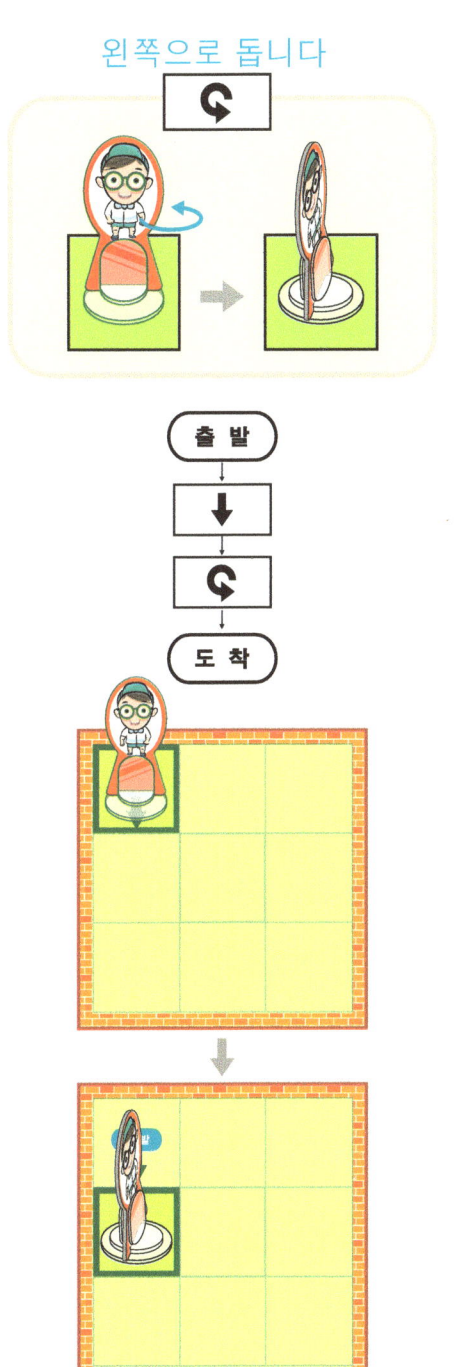
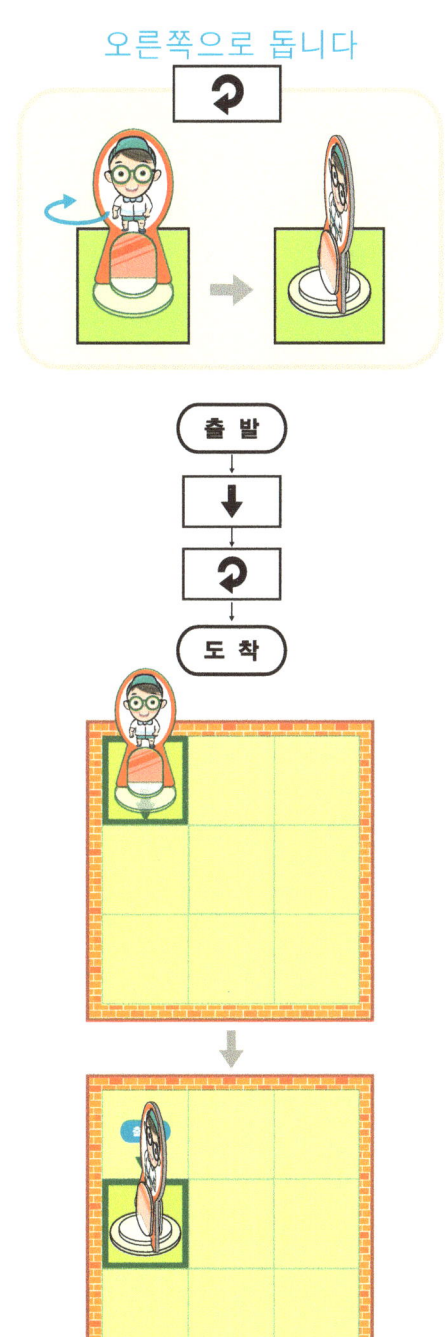

● 순서도에 맞게 놀이말이 도착한 곳에 ○표 하시오.

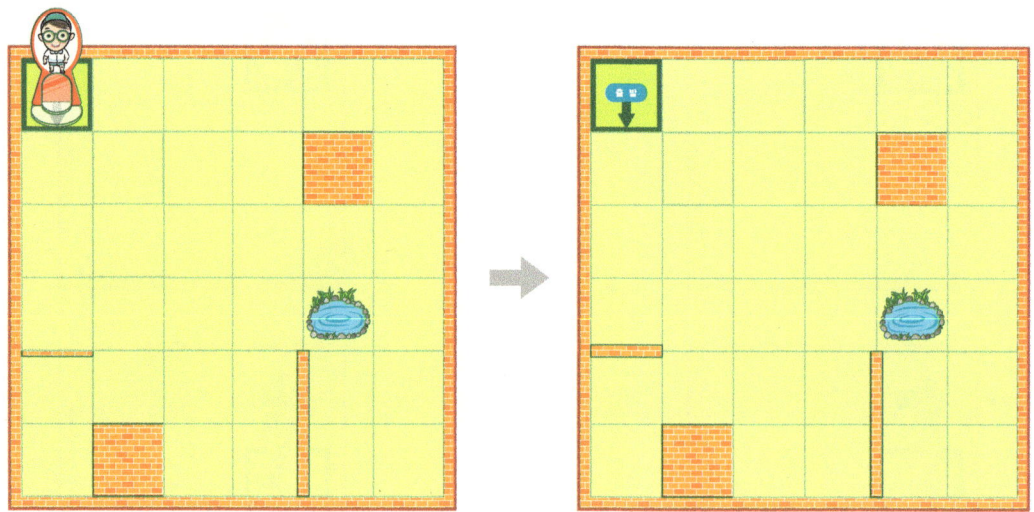

● 순서도에 맞게 놀이말이 도착한 곳에 ○표 하시오.

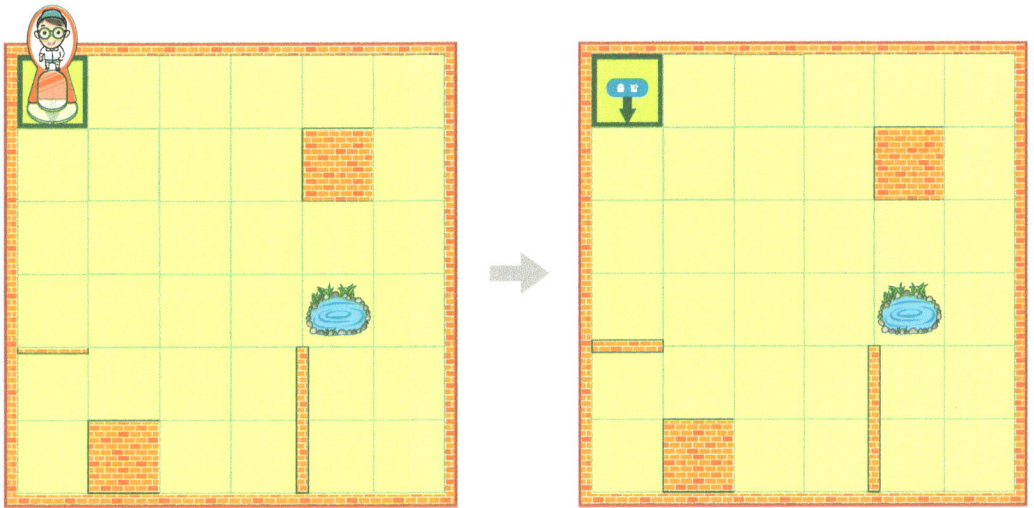

● 순서도에 맞게 놀이말이 도착한 곳에 ○표 하시오.

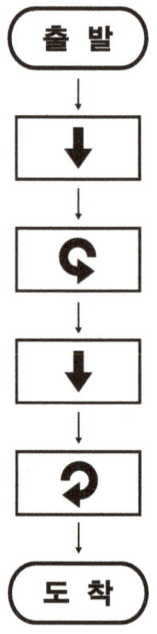

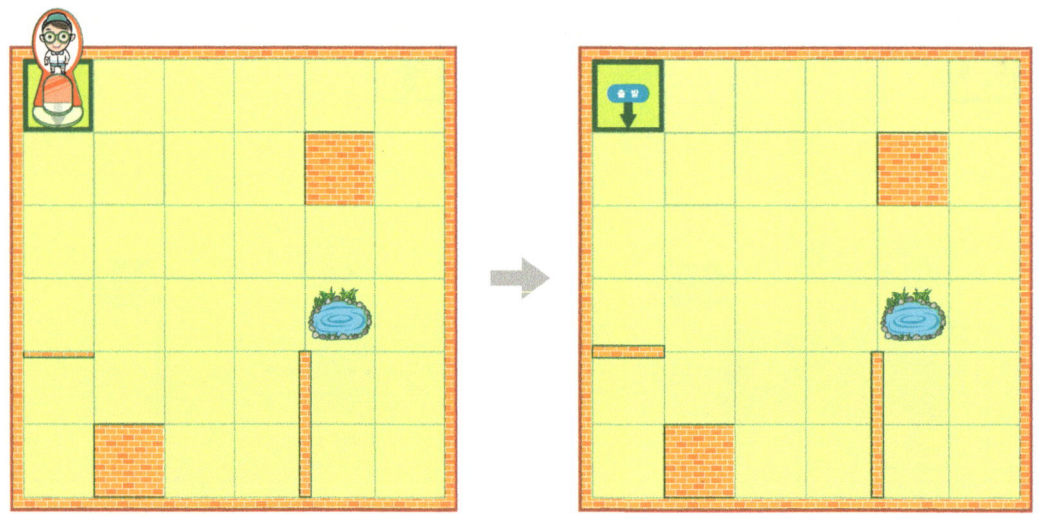

● 순서도에 맞게 놀이말이 도착한 곳에 ○표 하시오.

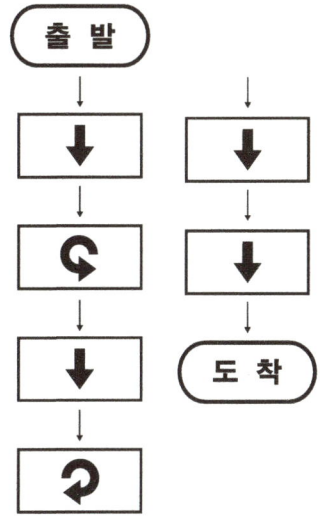

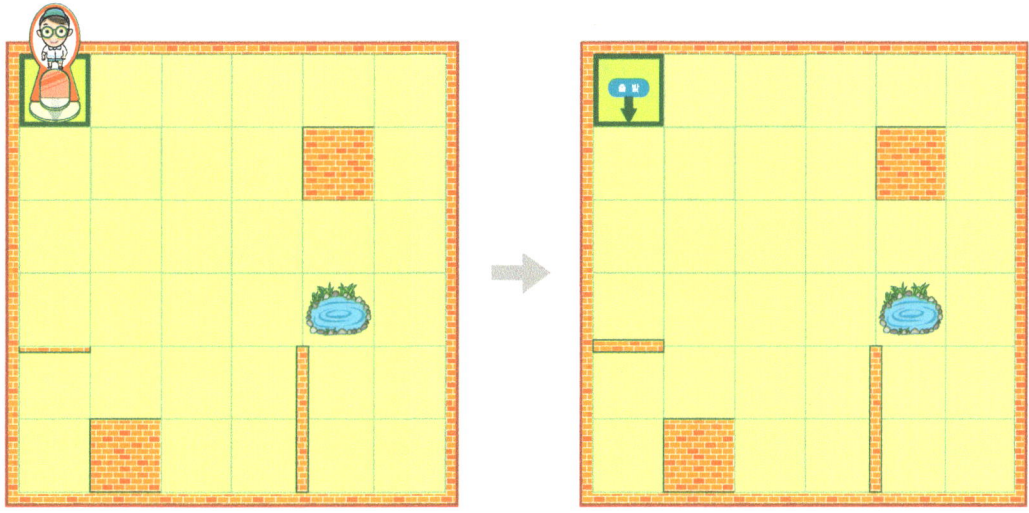

● 순서도에 맞게 놀이말이 도착한 곳에 ○표 하시오.

앞으로 한 칸 건너뜁니다.

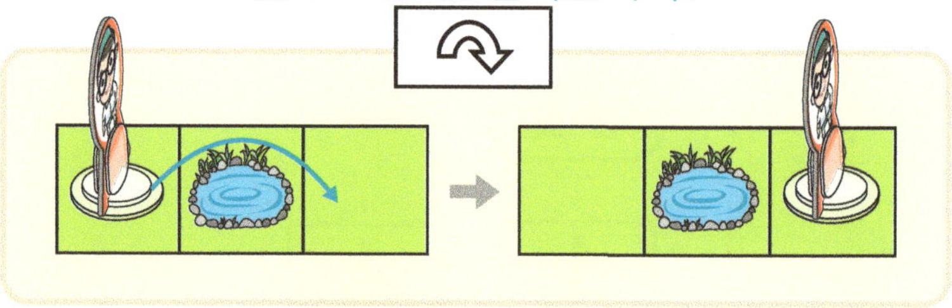

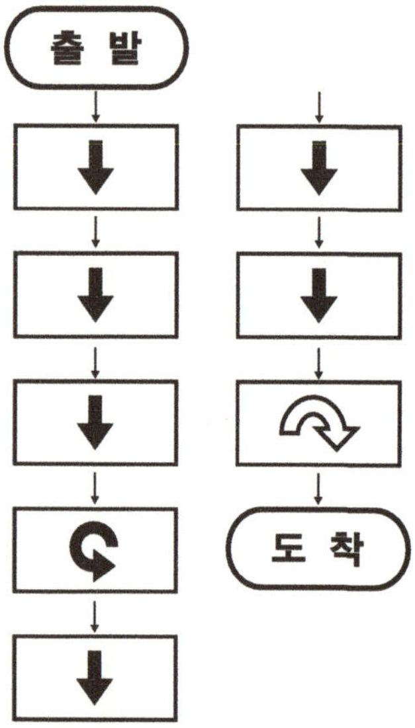

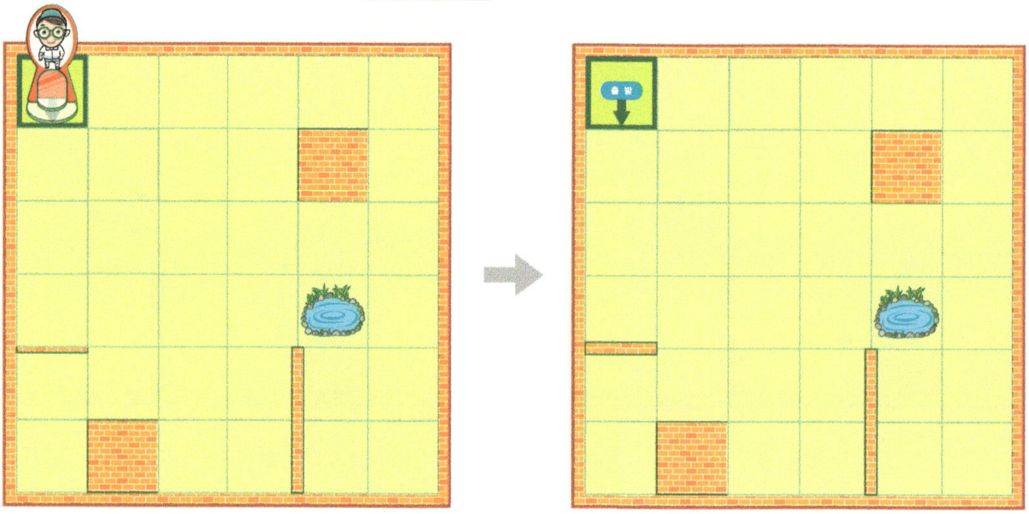

● 명령어에 따라 말이 움직이는 모양을 관찰하시오.

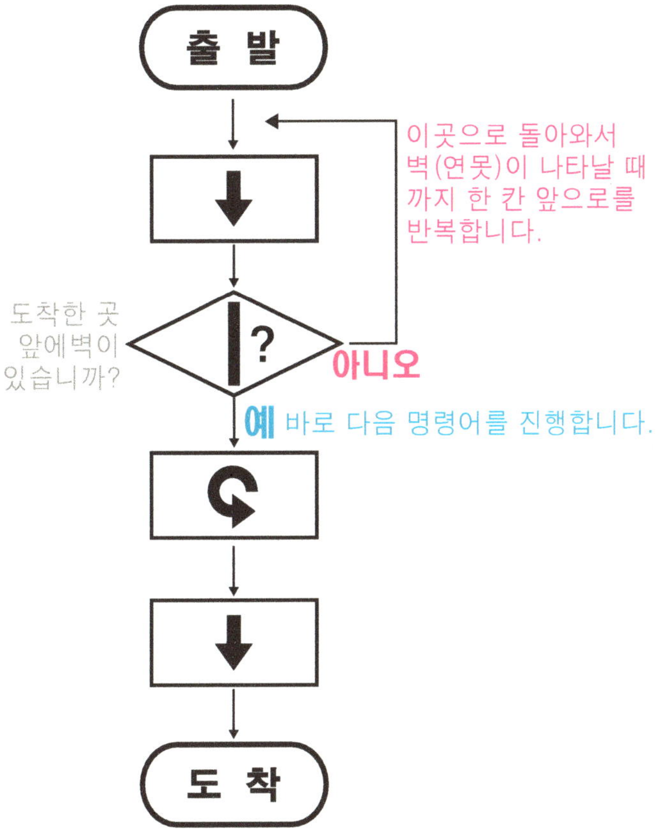

출 발

↓

도착한 곳 앞에 벽이 있습니까? ? 아니오 → 이곳으로 돌아와서 벽(연못)이 나타날 때까지 한 칸 앞으로를 반복합니다.

예 바로 다음 명령어를 진행합니다.

↻

↓

도 착

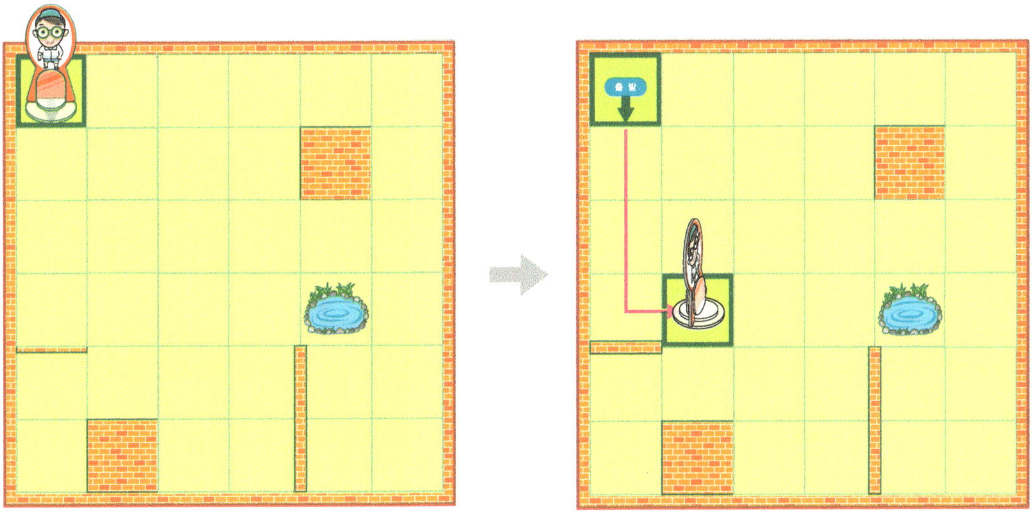

● 순서도에 맞게 놀이말이 도착한 곳에 ○표 하시오.

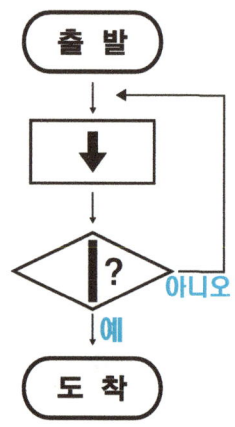

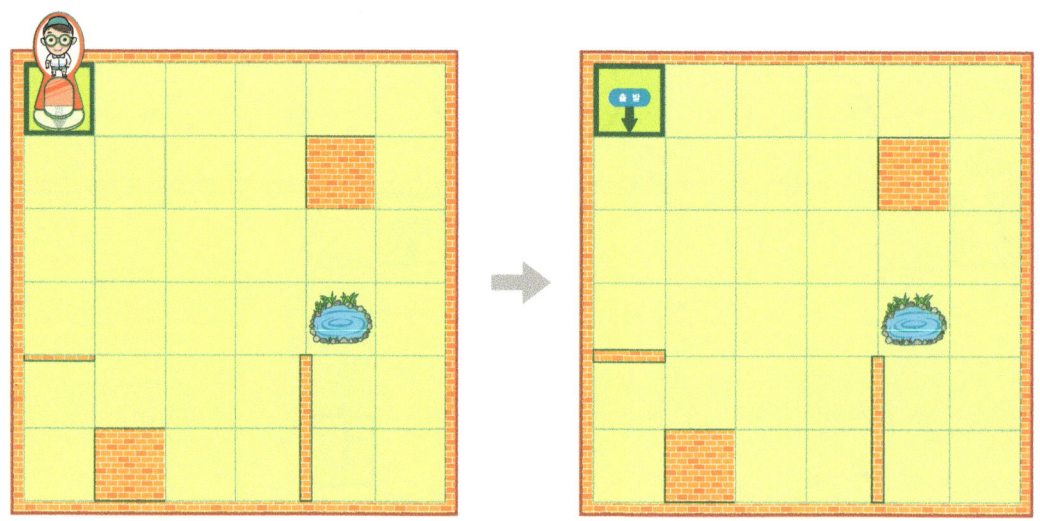

● 순서도에 맞게 놀이말이 도착한 곳에 ○표 하시오.

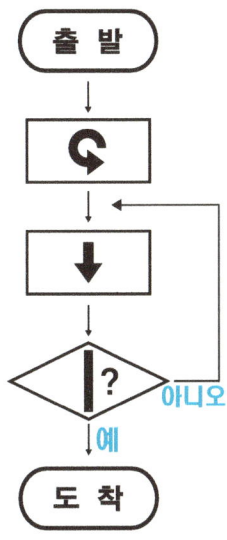

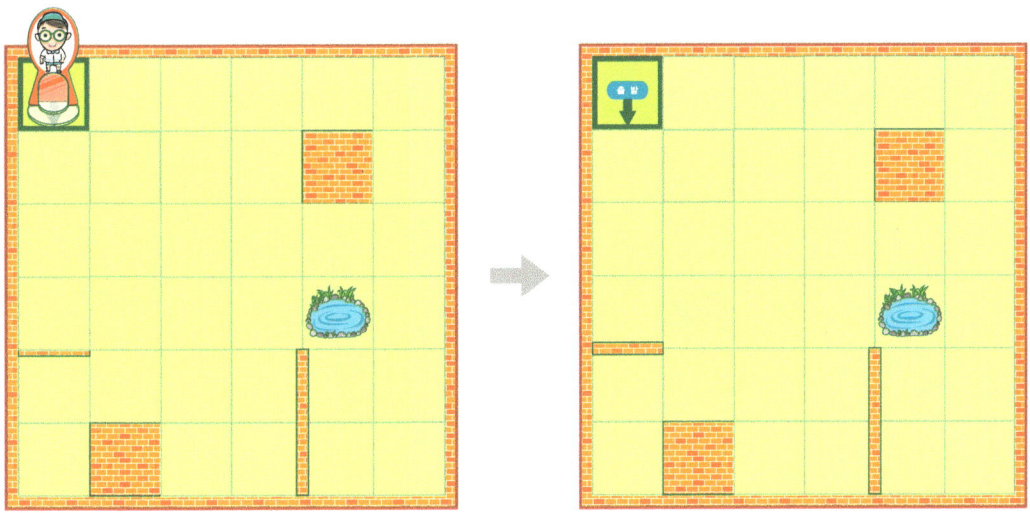

13

● 순서도에 맞게 놀이말이 도착한 곳에 ○표 하시오.

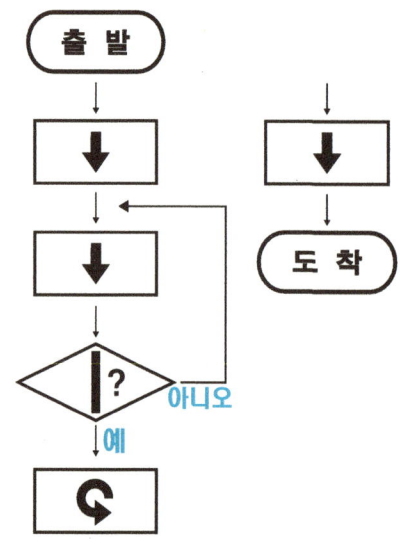

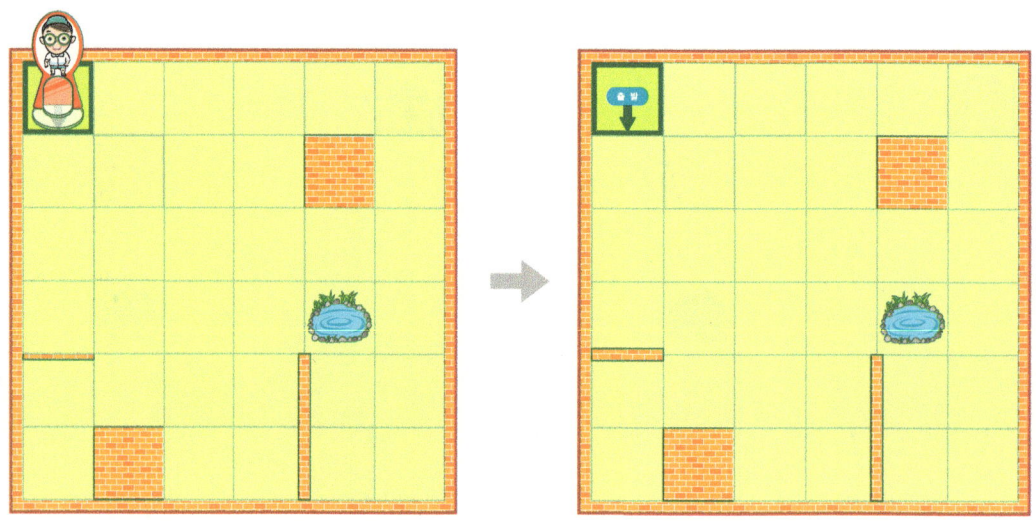

● 순서도에 맞게 놀이말이 도착한 곳에 ○표 하시오.

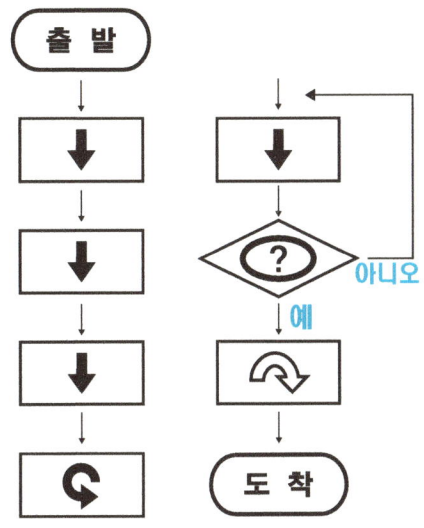

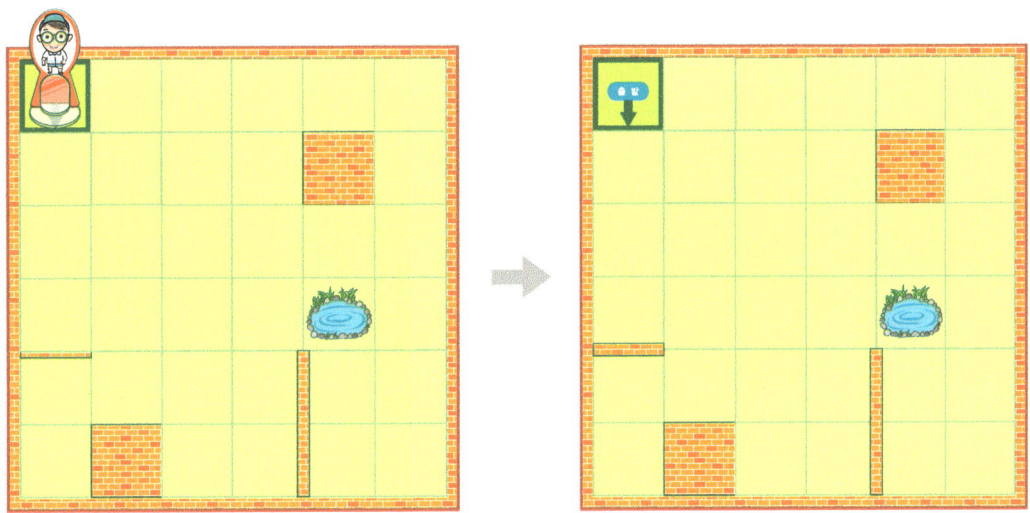

해답

3쪽
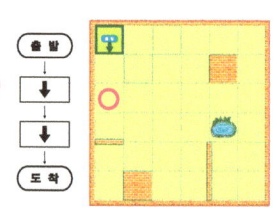

8쪽
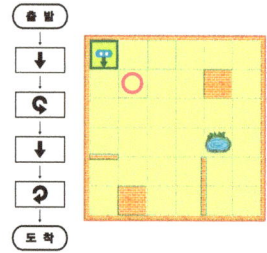

13쪽
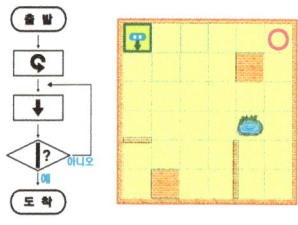

4쪽
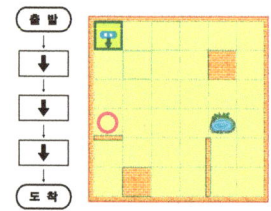

9쪽
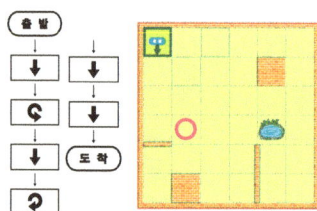

14쪽
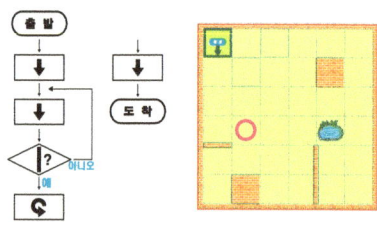

6쪽
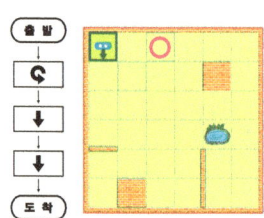

10쪽
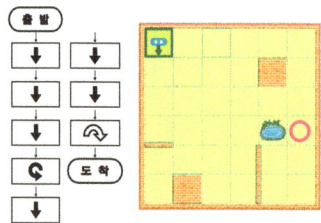

15쪽
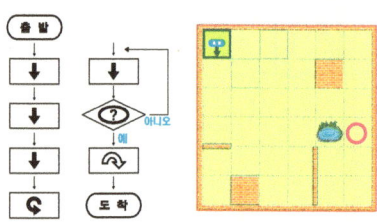

7쪽
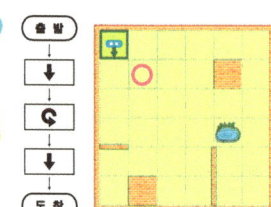

12쪽
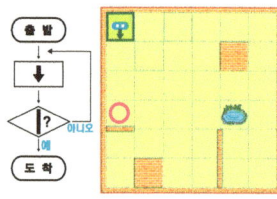

처음 시작하는 언플러그드 코딩놀이

아주 쉬운 코딩 놀이수학

비행기 놀이

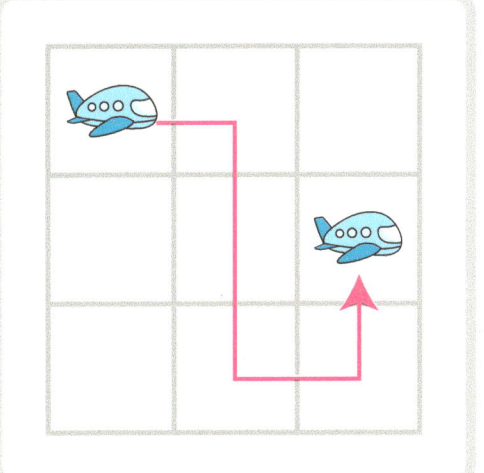
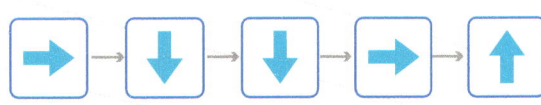

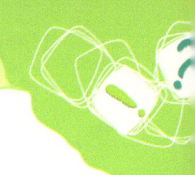

● 명령어를 알아보시오.(비행기는 명령대로 움직입니다.)

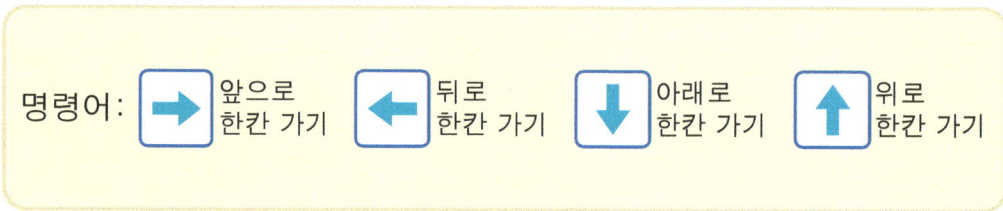

예

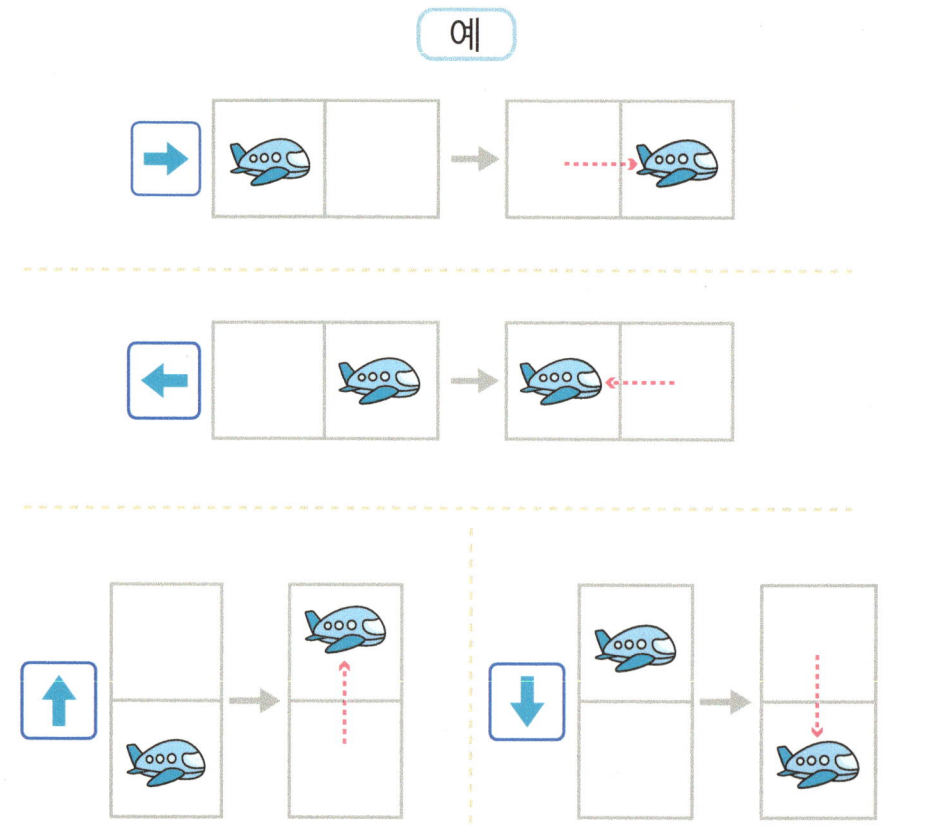

★ 일정한 규칙에 따라 움직이게 하는 기호 또는 문자 등의 명령어로 이루어진 것을 '코딩'이라고 합니다.

● 명령어에 따라 비행기가 도착한 위치가 맞는 것에 ○표 하시오.

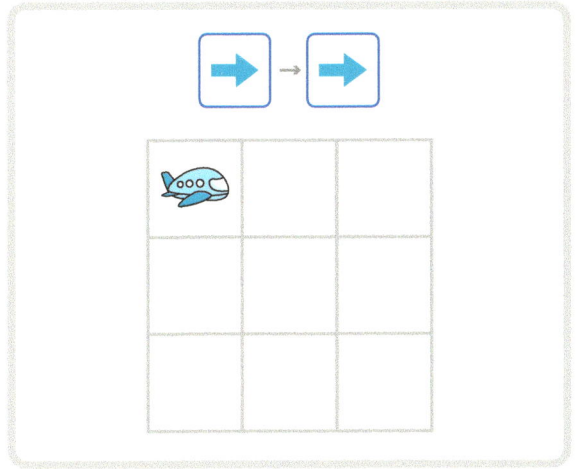

① ②

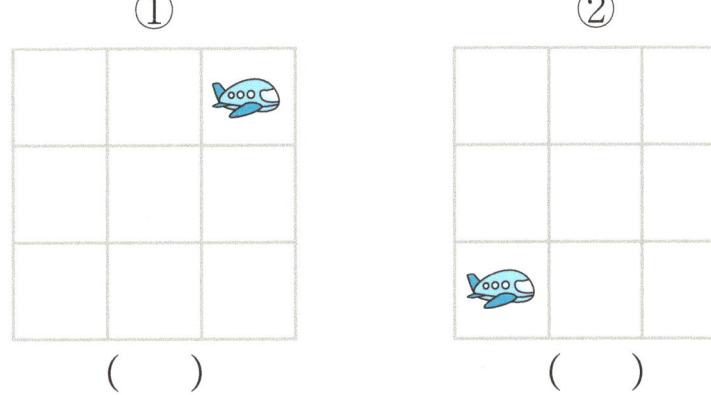

( )　　　　　( )

● 명령어에 따라 비행기가 도착한 위치가 맞는 것에 ○표 하시오.

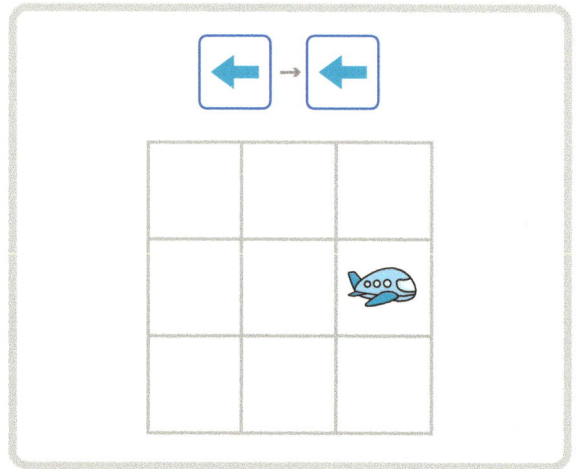

① 　　②

　　(　)　　　　　　　(　)

● 명령어에 따라 비행기가 도착한 위치가 맞는 것에 ○표 하시오.

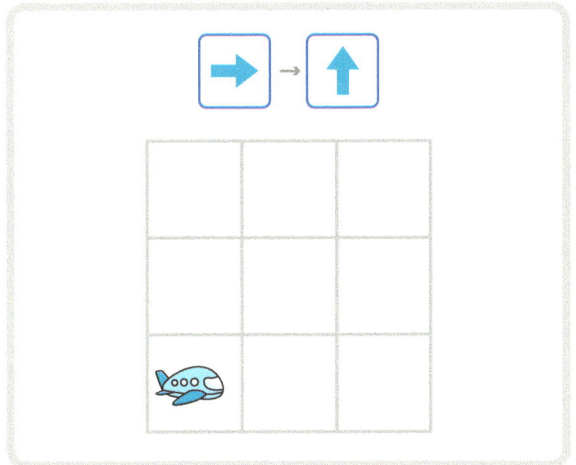

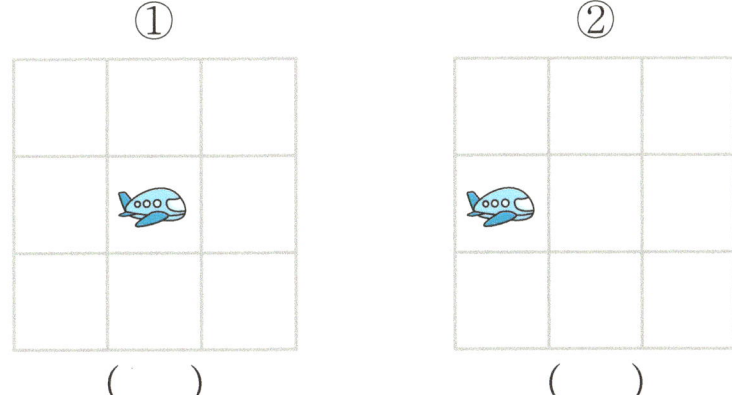

① ( )   ② ( )

● 명령어에 따라 비행기가 도착한 위치가 맞는 것에 ○표 하시오.

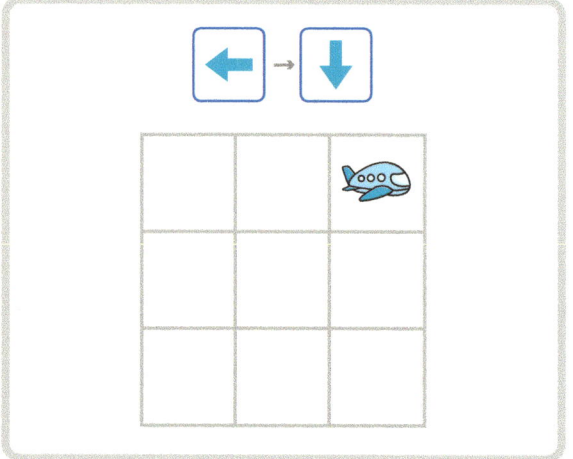

① 　　②

(　　)　　　　　(　　)

● 명령어에 따라 비행기가 도착한 위치가 맞는 것에 ○표 하시오.

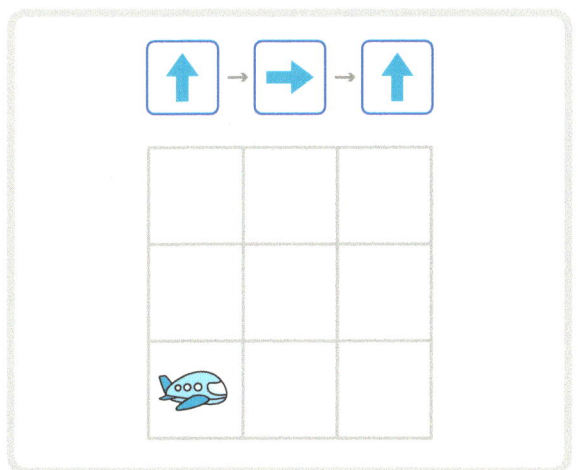

① ②

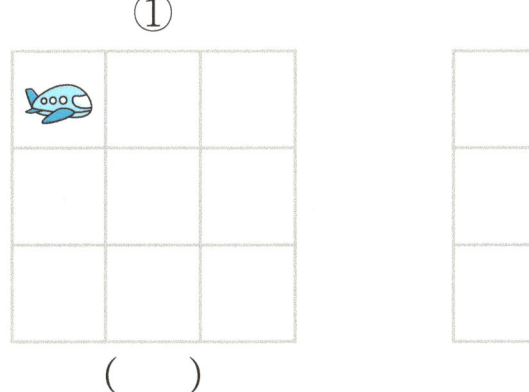

( )　　　　　( )

● 명령어에 따라 비행기가 도착한 위치가 맞는 것에 ○표 하시오.

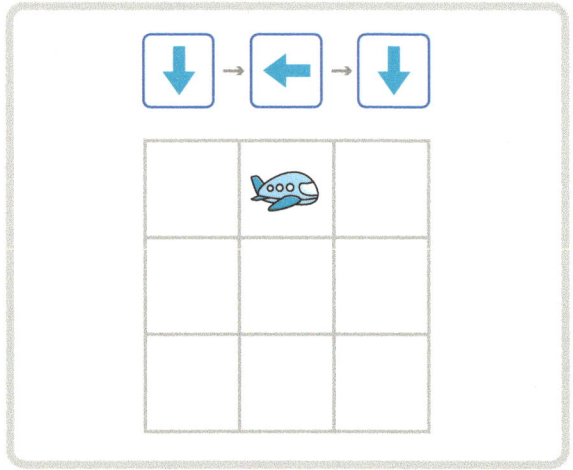

①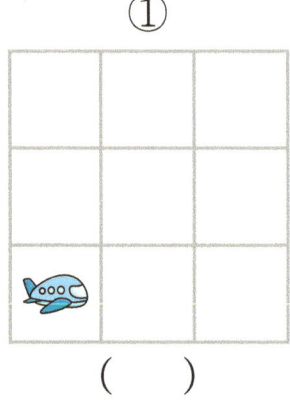

②

( )　　　　　　( )

● 명령어에 따라 비행기가 도착한 위치가 맞는 것에 ○표 하시오.

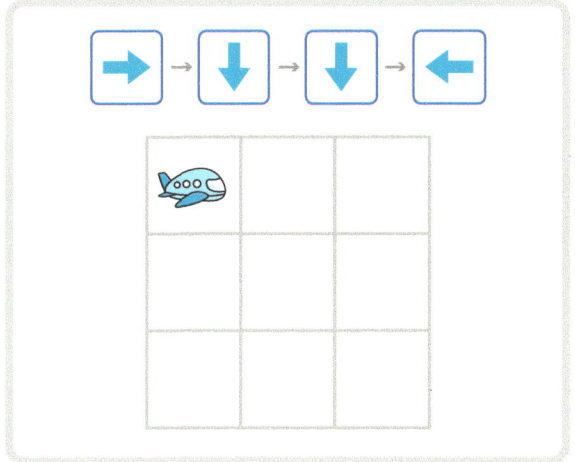

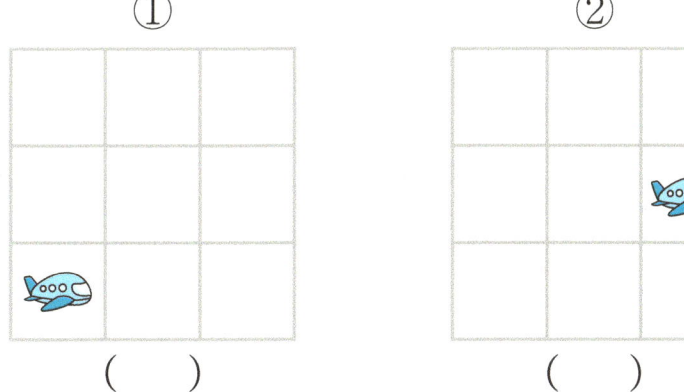

① ( ) ② ( )

● 명령어에 따라 비행기가 도착한 위치가 맞는 것에 ○표 하시오.

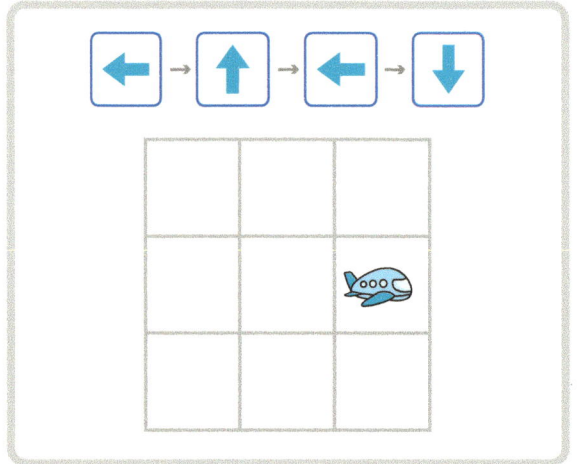

① 　　②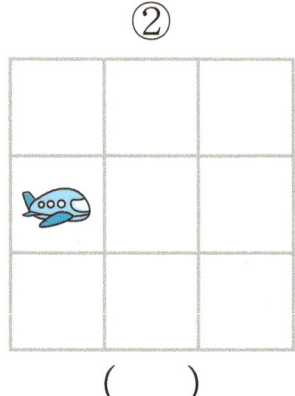

(　　)　　　　　　(　　)

● 명령어에 따라 비행기가 도착한 위치가 맞는 것에 ○표 하시오.

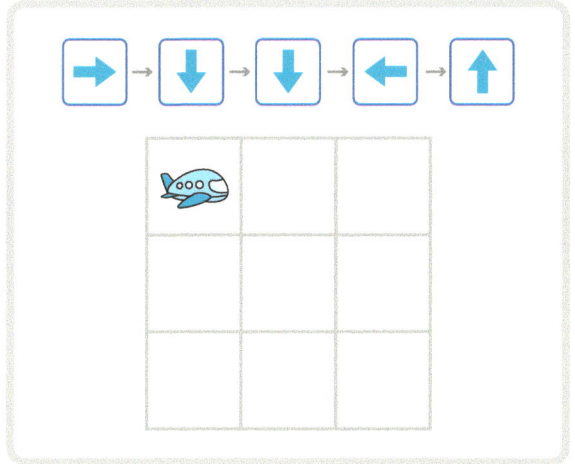

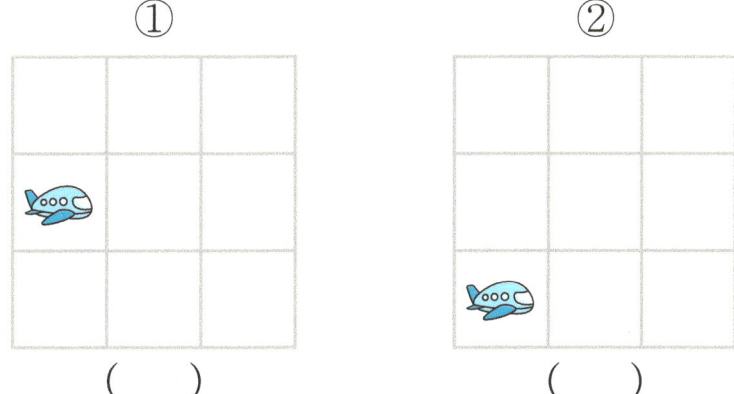

① ( )   ② ( )

● 명령어에 따라 비행기가 도착한 위치가 맞는 것에 ○표 하시오.

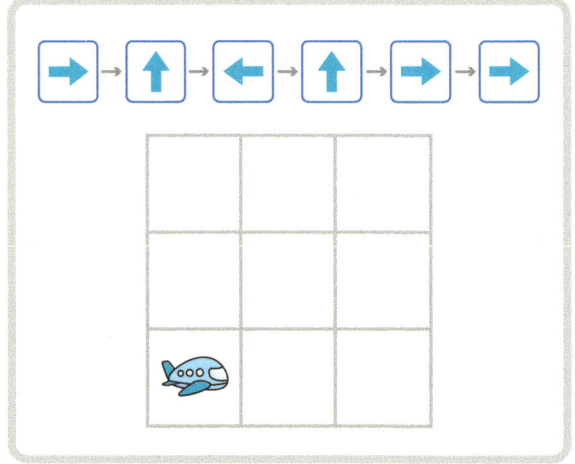

①

②

( ) ( )

● 비행기가 옮겨진 위치를 보고 코딩이 맞는 것에 ○표 하시오.

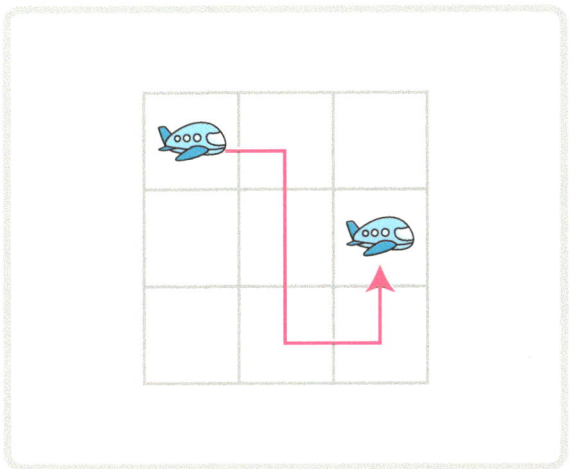

①  (   )

②  (   )

● 비행기가 옮겨진 위치를 보고 코딩이 맞는 것에 ○표 하시오.

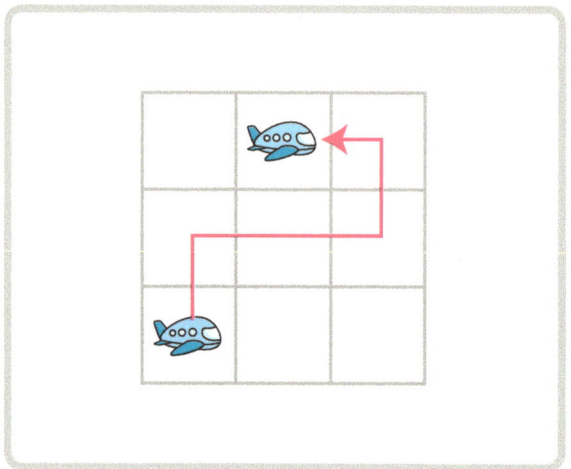

① 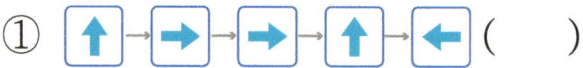 (   )

② 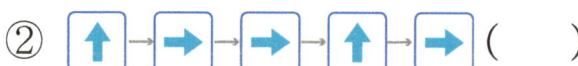 (   )

● 비행기가 옮겨진 위치를 보고 코딩이 맞는 것에 ○표 하시오.

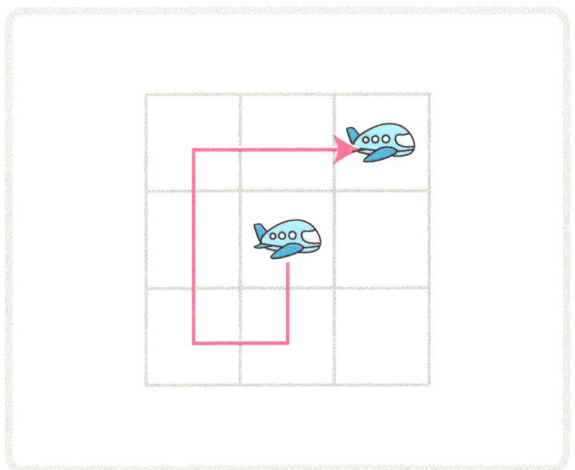

① ⬇ → ⬅ → ⬆ → ⬆ → ⬅ → ⬅ ( )

② ⬇ → ⬅ → ⬆ → ⬆ → ➡ → ➡ ( )

해답

3쪽
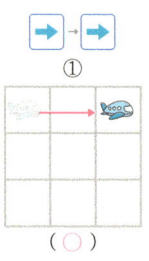

4쪽
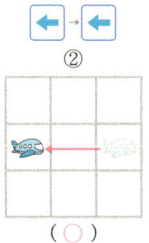

5쪽
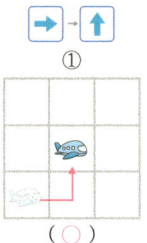

6쪽
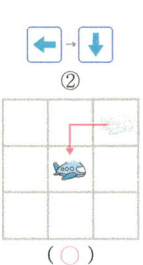

7쪽
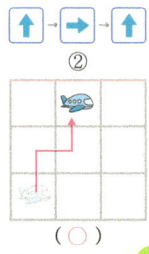

8쪽
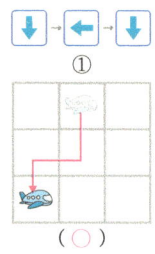

9쪽
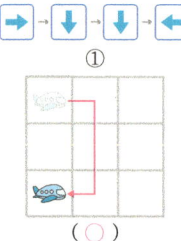

10쪽
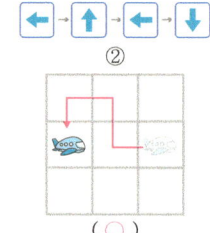

11쪽
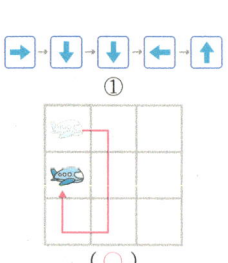

12쪽
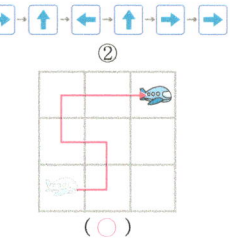

13쪽
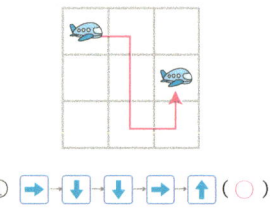

14쪽
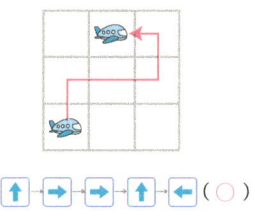

15쪽
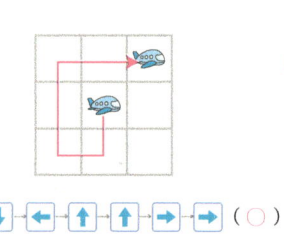

코딩 도서 목록

워크북

아주 쉬운 코딩 놀이 수학.1

1. 이진법 알기
2. 이진법 비밀 카드
3. 숫자로 그림 그리기
4. 짝수의 비밀
5. 정렬 네트워크
6. 학교 가기

아주 쉬운 코딩 놀이 수학.2

1. 바둑돌 놓기
2. 무늬 블록 돌리기
3. 암호문 풀기
4. 코딩 모양 타일
5. 순서도
6. 비행기 놀이

아주 쉬운 코딩 놀이 수학.3

1. 데이터 검색
2. 선택 정렬
3. 퀵 정렬
4. 신호 만들기
5. 전기 회로 불켜기
6. 가로등 불켜기

아주 쉬운 코딩 놀이 수학.4

1. 데이터 입력 삭제
2. 이진 트리
3. 기호 만들기
4. 데이터 줄이기
5. 최적화 네트워크
6. 안테나 설치

지침서

아주 쉬운 코딩 놀이

1. 카드 놀이
2. 숫자 놀이
3. 네트워크 놀이
4. 전략 놀이
5. 퍼즐 놀이
6. 암호 놀이
7. 순서도 놀이
8. 명령어 놀이

아주 쉬운 코딩 놀이.2

1. 검색 놀이
2. 좌표 놀이
3. 신호 놀이
4. 데이터 놀이
5. 장난감 놀이
6. 정보 놀이
7. 두뇌회전 놀이

코딩 놀이 단행본 종류

아주 쉬운 코딩 놀이는 언플러그드 활동 중심 코딩 교사 지침서입니다.

아주 쉬운 코딩 놀이 수학 1. 2는 아주 쉬운 코딩 놀이 지침서의 내용을 학생들이 쉽게 풀 수 있도록 문제 형식으로 제작한 학생용 코딩 워크북입니다.

아주 쉬운 코딩 놀이수학 ①

워크북

1. 이진법 알기
2. 이진법 비밀 카드
3. 숫자로 그림 그리기
4. 짝수의 비밀
5. 정렬 네트워크
6. 학교 가기

아주 쉬운 코딩 놀이수학 ②

워크북

1. 바둑돌 놓기
2. 무늬 블록 돌리기
3. 암호문 풀기
4. 코딩 모양 타일
5. 순서도
6. 비행기 놀이

코딩 놀이 단행본 종류

아주 쉬운 코딩 놀이 2는 언플러그드 활동 중심 코딩 교사 지침서입니다.

아주 쉬운 코딩 놀이 수학 3. 4는 아주 쉬운 코딩 놀이 2 지침서의 내용을 학생들이 쉽게 풀 수 있도록 문제 형식으로 제작한 학생용 코딩 워크북입니다.

아주 쉬운 코딩 놀이 수학 3

워크북

1. 데이터 검색
2. 선택 정렬
3. 퀵 정렬
4. 신호 만들기
5. 전기 회로 불켜기
6. 가로등 불켜기

아주 쉬운 코딩 놀이 수학 4

워크북

1. 데이터 입력 삭제
2. 이진 트리
3. 기호 만들기
4. 데이터 줄이기
5. 최적화 네트워크
6. 안테나 설치

코딩보드게임 제품종류

① 카드놀이

이진법 카드놀이

숫자 타일

숫자 카드 | 점 카드

이진법 비밀 카드

비밀 카드

숫자 가리기 놀이
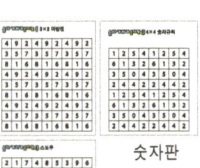
숫자판
숫자 가리기 놀이판

숫자 퍼즐 놀이

1~9숫자 블록

② 숫자놀이

숫자로 그림그리기

코딩 놀이판 / 블록
숫자로 그림그리기 카드

짝수의 비밀

코딩 놀이판 / 양면 코인

리버시 게임

코딩 놀이판 / 양면 코인

마음속의 숫자 — 준비물 없음

③ 네트워크 놀이

정렬 네트워크

워크북 / 놀이판
숫자타일

학교가기

워크북

학교가기 카드 / 주사위

강 건너기

강건너기 말

놀이배
강건너기 놀이판

④ 전략 놀이

바둑돌 놓기
 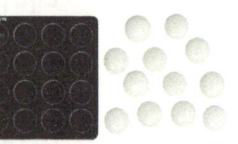
바둑돌 놓기 놀이판 / 바둑돌

바둑돌 놓기 카드

바둑돌 자리바꾸기
바둑돌

바둑돌 자리바꾸기 놀이판

님 게임

놀이말

코딩 보드게임 제품종류

⑤ 퍼즐놀이

무늬블록 돌리기

무늬 블록

무늬 블록 카드

9조각 퍼즐
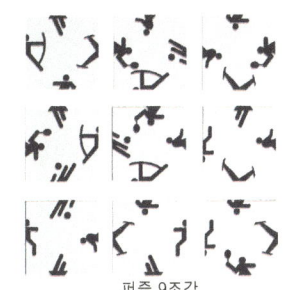
퍼즐 9조각

3D입체영상

3D입체 영상 책자

3D입체 안경

⑥ 암호놀이

암호문 만들기
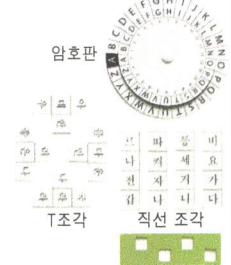
암호판
T조각 직선 조각
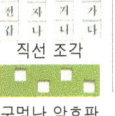
구멍난 암호판
암호 종이

코딩 모양 타일

모양타일
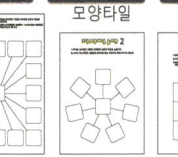
모양 타일 놀이판

⑦ 순서도놀이

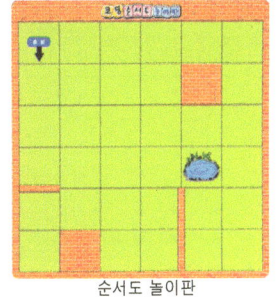
순서도 놀이판

순서도 카드

놀이말

⑧ 명령어놀이

비행기 놀이
명령어 놀이 1단계

코딩 놀이판

비행기 코딩카드   비행기 코딩 블록

공 놀이
명령어 놀이 2단계

코딩 놀이판

공놀이 코딩카드   공 코딩 블록

개미 놀이
명령어 놀이 3단계

코딩 놀이판

개미 코딩카드   개미 코딩 블록

코딩 보드게임 제품종류

 검색놀이

 좌표놀이

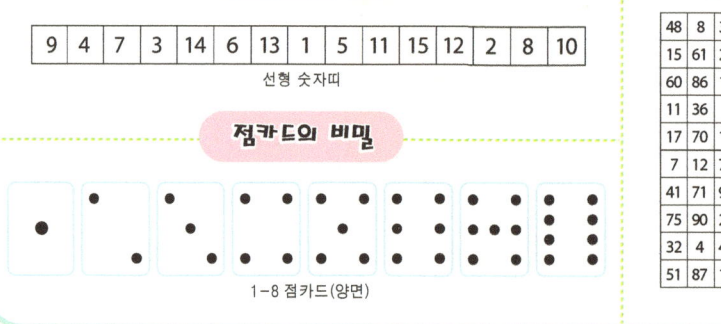

 신호놀이

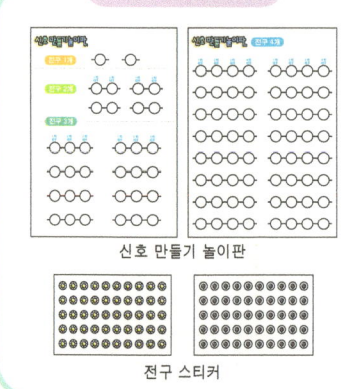
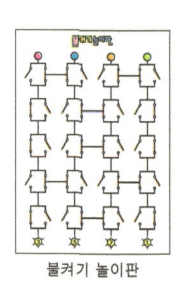
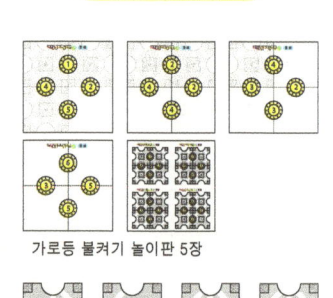

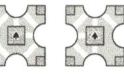

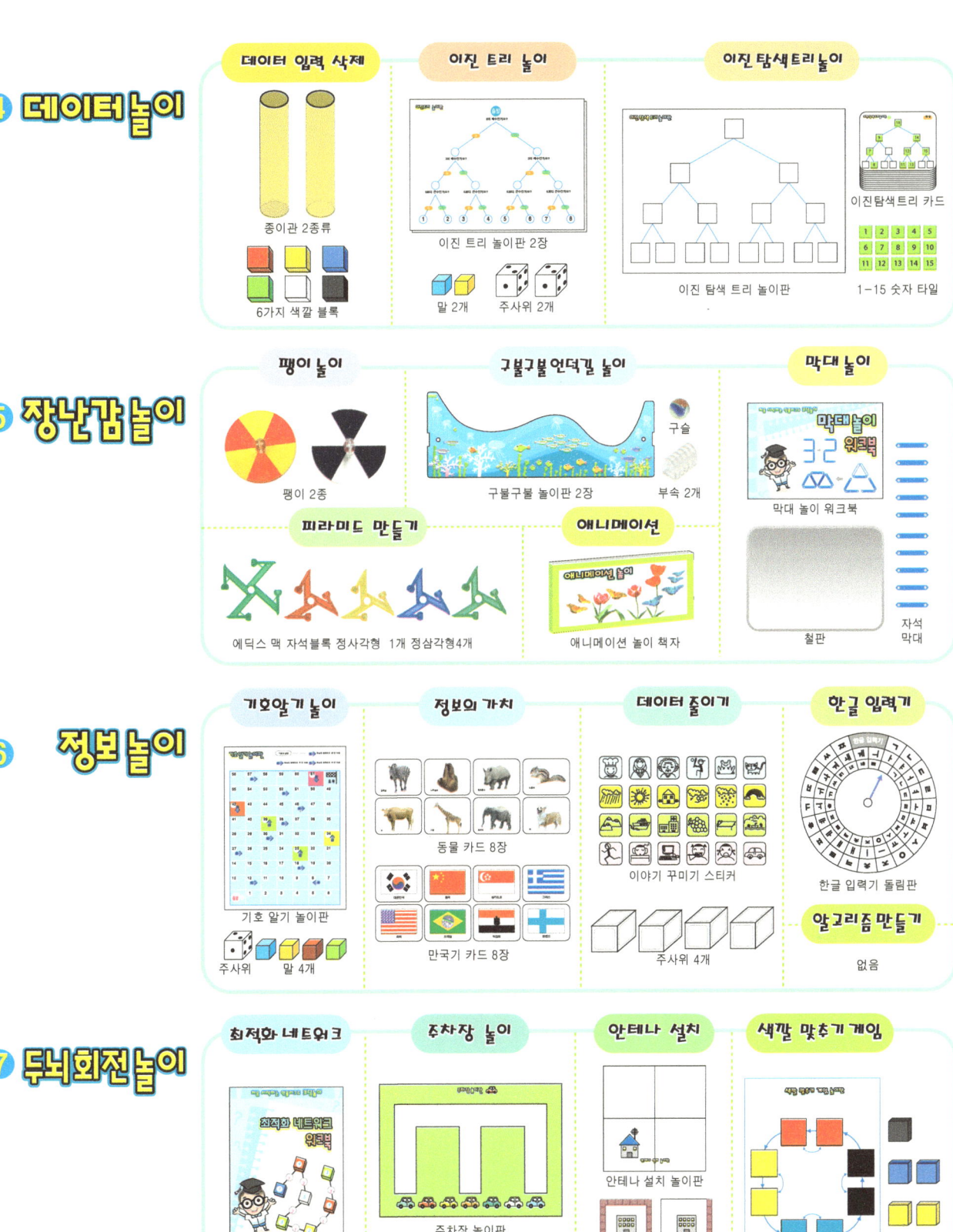

아주 쉬운 코딩 수학 놀이 . 2

초판 발행일 : 2017년 12월 20일

지은이 : 한버공
펴낸 곳 : 청송문화사
　　　　　서울시 중구 수표로 2길 13
홈페이지 : www.edics.co.kr
E-mail : kidlkh@hanmail.net
전화 : 02-2279-5865
팩스 : 02-2279-5864
등록번호 : 2-2086 / 등록날짜 : 1995년 12월 14일

가격 : 12000원

잘못 인쇄된 책은 서점이나 본사에서 바꿔 드립니다.
ISBN : 978-89-5767-327-0
ISBN : 978-89-5767-325-6(세트)

본 교재의 독창적인 내용은 저작권법에 의하여 보호받고 있습니다.